Serge Monast

LE GOUVERNEMENT MONDIAL
DE
L'ANTÉCHRIST

DU MÊME AUTEUR

- *Testament contre hier et demain. Manifeste de l'amour d'ici*, Montréal, S. Monast, 1973.
- *Jean Hébert*, Chartierville, S. Monast, 1974.
- *Jos Violon : Essai d'investigation littéraire sur le comportement du Québécois*, Chartierville, S. Monast, 1975 ; La Patrie, S. Monast, 1977.
- avec Colette Carisse, Aimé Lebeau et Lise Parent, *La famille : mythe et réalité québécoise*, « Rapport présenté au Conseil des affaires sociales et de la famille », vol. 1, Sillery, Conseil des affaires sociales et de la famille, 1974 ; 1976.
- *L'Habitant*, Stanstead, Éditions de l'Aube, [1979].
- *L'Aube des brasiers nocturnes*. Essai sur l'amour, Stanstead, Éditions de l'Aube, 1980.
- *Cris intimes : poésie*, Stanstead, Éditions de l'Aube, [1980] (porte la mention : « *Les poèmes sont extraits du recueil : Le Désert des Barbares* ; *le texte en prose est extrait de l'essai : L'Humanibête* »).
- *La Création irrécupérable : essai*, Bromptonville, Éditions de l'Aube, 1981 (porte la mention : « *Les différents textes modifiés revus et corrigés contenus dans cet essai, furent extraits de l'essai inédit : L'Humanibête* »).
- *Méditations sur les dix commandements de Dieu*, Garthby Station, Éditions de l'Aube, 1983.
- *La médaille de saint Benoît ou La croix de saint Benoît*, Cookshire, Courrier de Saint Joseph, [1984 ?].
- *Il est minuit moins quinze secondes à Ottawa : de l'impossible dualité canadienne à l'éclatement d'une Guerre civile*, dossier d'enquête journalistique, Edmonton, La Presse Libre Nord-Américaine, 1992.
- « *Présentation* » de René Bergeron, *Le corps mystique de l'antéchrist*, Montréal, Presse libre nord-américaine, « Dossiers chocs », 1993 (Éd. originale, Montréal, Éditions Fides, 1941)
- *Le gouvernement mondial de l'Antéchrist, journalisme d'enquête international*, « La conspiration mondiale des Illuminatis », vol. 1, Magog, Éditions de la Presse libre, [1994] et Cahier d'Ouranos hors série, coll.« Enquêtes-Études-Réflexions » de la Commission d'Études Ouranos, [1994] ; réed. Châteauneuf, Éditions Delacroix, [s.d.].
- *The United Nations concentration camps program in America*, « Coup d'État and war preparations in America », book 1, Magog, Presse libre nord-américaine, [1994] (porte la mention : « Doit comprendre 4 vol. »)
- *Vaccins, médecine militaire expérimentale, cristaux liquide*, dossier d'enquête journalistique — CIA, Magog, Presse libre nord-américaine, [1994].
- *Project Blue Beam* (NASA), Magog, Presse libre nord-américaine [1994].
- *Le Protocole de Toronto* (6.6.6.). Québec année zéro, International free press agency « Intelligence report », mars 1995, dans Murmures d'Irem, no 7.
- *Le Contrôle total 666*, Cahier d'Ouranos hors série, coll. « Enquêtes-Études-Réflexions » de la Commission d'Études Ouranos ; réed. Châteauneuf, Éditions Delacroix, [s.d.].
- *Dévoilement du complot relatif au plan du chaos et de marquage de l'Humanité*, Châteauneuf, Éditions Delacroix, [s.d.] .
- *Le Complot des Nations Unies contre la Chrétienté*, Éditions Rinf, 1995.

CAHIER D'OURANOS – HORS SÉRIE

LE GOUVERNEMENT MONDIAL DE L'ANTECHRIST

Serge MONAST

(Publication interne à la C. E. OURANOS. dans le cadre d'échange avec l'Agence de Presse Libre au Canada, en réciprocité de publication, par la dite agence, du «*Diabolique Secret des OVNI*» de J. M. Lesage, au Canada.)

DOCUMENT THÉMATIQUE SPÉCIAL
HORS SÉRIE
COMPLÉMENTAIRE AUX CAHIERS SEMESTRIELS

COLLECTION « ENQUÊTES — ÉTUDES — RÉFLEXIONS »
DE LA COMMISSION D'ÉTUDES OURANOS

Serge MONAST (né en 1945 — mort à Montréal le 5 décembre 1996),
journaliste d'enquête, poète, essayiste et auteur conspirationniste canadien (québécois).

Exegi monumentum ære perennius
Un Serviteur Inutile, parmi les autres

21 juin 2019

SCAN, OCR, Mise en page
LENCULUS †(2016) & BAGLIS
in memoriam
Pour la Librairie Excommuniée Numérique des CUrieux de Lire les USuels

Introduction

Ce volume est le résultat, l'aboutissement devrais-je plutôt dire, d'une quinzaine d'années d'investigation dans l'univers des Illuminatis, du Gouvernement Mondial des Nations Unies, de la Conspiration Universelle de l'Âge du Verseau, et des milieux Politiques, Économiques, Militaires et Médicaux internationaux.

Les investigations, les compilations de documents et la rédaction du présent ouvrage eurent conduites d'une manière rigoureusement scientifique afin de constituer un rapport d'enquête journalistique. Ce volume n'est donc pas une conception religieuse ou spirituelle des événements passés, présents et futurs, car je ne suis pas un religieux ; ni non plus une thèse quelconque rédigée dans le brut de défendre une certaine idéologie ; et encore moins un traité prétendant avoir analysé un sujet donné d'une manière exhaustive. Ce volume, au contraire, est le détaillé suivi d'une enquête ne s'appuyant que sur les faits, que sur la réalité de diverses situations historiques et présentes. Par conséquent, les faits spirituels ou religieux qui s'en dégagent, ne sont nullement volontaires, mais plutôt le fruit, la conséquence directe, mais évidente de l'analyse et de la synthèse de tous les documents examinés. Et en ce sens, la question fondamentale qui fut le point de départ de tout ce travail, fut : « *C'est quoi au juste, le Gouvernement Mondial de l'Antéchrist* », « *La Conspiration Universelle de l'Âge du Verseau* » ?

Au-delà des prodiges dûs à l'usage d'une technologie qui mariera — comme c'est le cas actuellement — la matière au spirituel le plus abaissé depuis le début de l'humanité ; bien en deçà de la dictature qui sera imposée de force à l'humanité avec tout son attirail de « Police

Multinationale » et de « Camps de Concentration-Rééducation » à perte d'horizon sur toute l'étendue de la planète ; c'est avant tout — il faut bien tôt ou tard finir par se l'admettre sans emprunt et sans masque — l'aboutissement brutal et irrévocable d'une « Condition Intérieure » historique préparée, et en route depuis plusieurs siècles.

En premier lieu, ce fut l'humanité qui, en révolte contre Dieu, tenta de se construire son propre pouvoir. Ainsi la création plus que sanglante des « *Droits de l'Homme* » en fut, et l'aboutissement suprême, et l'une des prémices les plus indiscutables de la descente vertigineuse de l'homme vers le XXe siècle.

Puis, après, ce fut l'humanité se voulant exister sans Dieu en tentant de se créer un monde nouveau, dépourvu de toute présence divine. L'avènement du règne de la « *Raison* », et sa manifestation dans le « *Siècle des Lumières* » demeureront les preuves les plus révélatrices de la glorification de l'homme pour l'Homme !

Enfin, aujourd'hui en cette fin de XXe siècle, c'est l'humanité se voulant elle-même Dieu, la source incontestable de toutes choses. Le simple individu, de nos jours, qu'il soit religieux ou non, prêtre ou laïque, croyant ou incroyant, a non seulement tout intellectualisé, y compris l'amour, mais encore, et surtout, il s'est totalement débarrassé de toute humilité, et a fini par nier toute condition de souffrance... Ce fut ainsi la création des sociétés de loisirs par et pour l'homme ; l'émergence d'une nouvelle Église Chrétienne, mais basée uniquement sur le rejet de la souffrance, et sur la glorification humaine de ses membres ; et l'imposition intérieure et extérieure générale, d'une manière de penser et de ressentir implacablement scientifique, nouvelle manière d'être et de paraître de celui qui se veut maintenant et avant tout, « L'Homme-dieu » !

Qu'on le regarde sous quelque facette que ce soit, et surtout malgré et envers toutes les apparences extérieures, le pouvoir, le sens même de l'Antéchrist est d'abord et avant tout « *Religieux* », « *Spirituel* ».

L'Antéchrist, somme suprême, d'une époque à l'autre, de toutes les fuites en avant de l'homme vers l'orgueil et la satisfaction volontaire de tous les appétits de sa nature humaine au détriment de l'esprit de sacrifice envers son Créateur, est ici, le reflet évident de la volonté intérieure des peuples pour leur déification. En d'autres mots, il est celui qui arrive pendant que l'Autre quitte; il est le « *désiré* » des peuples et des Nations tandis que l'Autre, le Dieu des Chrétiens, Celui de la Rédemption, en est l'ultime « *Rejeté* »!

C'est le début de la « *Passion* », le « *Temps des Temps de la Semaine Sainte* » pour toute l'humanité! Pour les non croyants, ce Temps sera perçu comme étant celui du nouvel esclavage car sous les pas de l'Antéchrist, tout sera nivelé, les Nations et les peuples, des plus puissants aux plus démunis. Mais pour le tout petit nombre au milieu de la « *Nuit des Nuits* », ce sera le Temps de la « *Nouvelle Église* », celle du Silence, celle des Martyrs, celle des Catacombes!

Pour tous ceux qui liront ce volume, et pour tous les autres qui ne veulent pas savoir, pour qui le « *Nouvel Ordre Mondial* » des Nations Unies placé sous la gouverne de l'Antéchrist est enfui la naissance d'une « *Nouvelle Ère* » pour l'humanité se débarrassant enfin de ses chaînes du passé, le problème dans très peu de temps ne sera pas de croire ou de ne pas croire en un seul Dieu, niais bien plutôt de savoir s'il est encore possible de croire, uniquement de croire! Car ce qui ne fut un jour réservé qu'aux Saints et aux favorisés, les nuits de l'âme sans limites seront alors le lot de tous, des plus grands aux plus petits.

Et sur toute l'étendue desséchée de la plaine, là où l'on avait élevé avec grand éclat le « *Château* », « *l'Or* » et la « *Gloire* », il n'y avait plus que solitude extrême et lamentations stridentes qui perçaient sans cesse la nuit ténébreuse.

Serge Monast
Le 4 Janvier 1994.

PREMIÈRE PARTIE

HISTORIQUE DES ILLUMINATIS

ILLUMINATIS : ILLUMINÉS,
DES HOMMES QUI ONT ACCEPTÉ LE « *PLAN LUCIFÉRIEN* »

*L*ES Illuminatis furent créés et organisés dans le but de mettre à exécution les inspirations reçues de Lucifer par des Grands Prêtres durant la performance de leurs *Cérémonies Cabalistiques*. [1]

Ce terme employé par les *manichéens* ceux-là même croyant que le Bien et le Mal sont égaux et, par conséquent, doivent s'opposer l'un à l'autre, fut par la suite repris par les Rose-Croix.

Les Illuminatis furent fondés le 1ᵉʳ mai 1776 par un dénommé Weishaupt, alors âgé de 38 ans et professeur de Droit à l'Université d'Ingolstadt dans la région de Bavière en Allemagne. Celui-ci voulait greffer sur la Maçonnerie ce « Nouvel Ordre » dont il se voyait être le Maître incontesté.

Sa philosophie de base était qu'il fallait détruire toute Religion, toute Société existante, et abolir la propriété privée pour les remplacer par un « Nouvel Ordre », sorte de paradis où tous les hommes seraient égaux, heureux, pouvant jouir sans entraves, ici et aujourd'hui, de tous les plaisirs de la vie.

Les Illuminatis sont des Membres des Loges du Grand Orient qui ont été initiés dans « l'Ordre et la Secte des Illuminatis ». Ils

---

1 — « *Pawns in the Game* », p. 193, William Guy carr — Commandant de la Marine. Canadienne —, Ed. n.p.c.l., Willowda-e, Ontario ; Hollywood Angriff Press, 1958, p. 32.

sont un petit, mais puissant Groupe qui se compose, à la tête, des banquiers internationaux, des industriels, des hommes de science, des dirigeants militaires et politiques, des éducateurs, des économistes, etc...

Ce sont des hommes qui ont accepté le « PLAN LUCIFÉRIEN » comme étant préférable à celui de Dieu notre Père, pour gouverner la Création. Ils adorent Lucifer comme cela est requis par Weishaupt dans son livre « *Morale et Dogmes* » Ils ne reconnaissent l'autorité d'aucun mortel excepté celle de leur Chef. Ils n'accordent de loyauté à aucune Nation. Ils sont en parfait accord pour la « Continuation de la Conspiration Luciférienne » afin d'empêcher l'application du « Plan de Dieu » pour le Gouvernement de la Création.

Ils complotent pour obtenir le contrôle absolu de ce monde, et de tout ce qu'il renferme. ILS UTILISENT TOUS LES MOUVEMENTS SUBVERSIFS pour diviser les populations en différents camps opposés, sur les questions politiques, sociales, raciales, économiques et religieuses ; puis ils les arment, les font se battre entre elles, et les poussent ainsi à se détruire mutuellement. De cette manière, ils espèrent pousser l'humanité à adopter ce processus d'auto-destruction jusqu'au moment où toutes les Institutions politiques et religieuses auront été détruites. Puis, ils comptent couronner leur Chef (Roi-despote) du monde entier, et, ainsi, donner corps et force d'existence à la « DICTATURE LUCIFÉRIENNE » recouverte du « DESPOTISME SATANIQUE ». [2]

Le processus dévoilé ici est celui non exprimé de « *L'Échelle Inversée* » : Plus l'on croit gravir les échelons du succès, plus en fait, on se rapproche de sa chute désespérée ; processus opposé à celui de L'ÉCHELLE DIVINE où plus l'on est convaincu d'être au plus bas du dernier des échelons, en fait l'on se trouve au sommet ! Dans ce processus de l'échelle inversée où tous les coups sont permis, chacun des participants à la course vers le sommet est toujours manipulé par un autre participant, mais en ayant toujours la conviction d'être le meneur du jeu, et ainsi de suite, de la base jusqu'au sommet. De plus, cette ascension dans l'illusion la plus totale ne peut s'accomplir que par le mensonge, l'hypocrisie, la dissimulation et

---

2 — « *The Red Fog over America* », 280 p., William Guy Carr Ed. Hollywood Angriff Presse, 1956, p. VI.

la fraude, le chantage et le vol, l'intimidation et le meurtre ; en fait, dans l'anéantissement, par tous les moyens possibles, de celui considéré comme étant le pire de ses adversaires. Ici, la base du triangle infernal enseigné à partir de l'école primaire, et encouragé tout au long de l'adolescence jusqu'à l'âge adulte, est celui de la division, de l'opposition sans limites des individus entre eux : ceux étant dotés de facultés intellectuelles par rapport à d'autres moins favorisés ; ceux provenant de milieux plus aisés par rapport à ceux plus défavorisés ; ce qui ressort en camps multiples et opposés les uns par rapport aux autres (ceux pour ou contre l'avortement, pour ou contre l'euthanasie, pour ou contre le divorce, pour ou contre le mariage des prêtres, pour ou contre la tolérance des moeurs, etc. etc. etc....). [3]

Ceux qui complotent une Révolution utiliseront tous les vices afin de briser les structures morales, et détruire le respect personnel des personnes qu'ils veulent soumettre. Ils prêchent non seulement la subversion et l'idéologie de Marx, mais encore, ils enseignent aux jeunes l'inversion des Commandements de Dieu en disant que l'histoire enseigne que des Organisations ont utilisé même des dégénérés pour réussir, compléter, et faire avancer leurs Plans. [4]

Ainsi, les Illuminatis, en ayant tiré leur nom et leur doctrine de Lucifer ont, par conséquent fait leur, une croyance religieuse, celle ayant rapport au Mal. De plus, ce sont eux qui professent, à l'intérieur des Loges Maçonniques qu'ils ont soumises à leurs fondements au XVIIIe siècles, une guerre de religion visant la destruction de Dieu ; ce qui signifie la persécution des fidèles des trois religions monothéistes : Juifs, Musulmans et Chrétiens de toutes tendances. En outre, le choix de la date de leur fondation, soit celle du 1er Mai — celle-ci correspondant à celle choisie historiquement pour la fête du Communisme International, et pour celle des travailleurs — est du même coup une inversion volontaire du sens rattaché au mois de Mai, celui-ci consacré à Marie dans l'Église Catholique Romaine.

D'un autre côté, le choix de leurs membres parmi les banquiers internationaux, les industriels, les hommes de science, les dirigeants militaires et politiques, les éducateurs et les économistes, démontre clairement leur choix pour la « *Raison* », « *L'Intellectualisme* » et le

---

3 — Note de l'auteur.
4 — « *The Red Fog over America* », p. 60.

« Pouvoir » par opposition aux humbles, aux pauvres et aux oubliés de tout genre faisant partie de la Doctrine de la Charité dans l'Église encore ici, on est confronté, par évidence, à un conflit d'ordre religieux.

Le choix de leurs moyens : (la division incluant le mensonge, la trahison, la délation et la lâcheté, le vol et le meurtre, la volonté ouverte et reconnue de l'utilisation de mouvements subversif, donc illégaux par définition), implique un choix conscient et volontaire pour tout ce qui fut identifié, à l'intérieur du Christianisme, comme faisant partie du Mal, comme niant de plein fouet la base même des ('ont-mandements de Dieu. De plus, ces moyens furent plus d'une fois prouvés historiquement comme étant ceux ayant été utilisés par tous les révolutionnaires, tant ceux de la Révolution Française que ceux du Communisme en Russie, en Chine et au Vietnam, par exemple. A remarquer que ces mêmes moyens furent aussi utilisés par les propagateurs du Nazisme dans leur prise du Pouvoir politique en Allemagne dans les années 1930, et que les prétextes utilisés par tous ces propagateurs, s'identifiant comme *« Porteurs d'une Nouvelle Ère »* pour l'humanité, étaient tous les mêmes : ceux rattachés à l'exploitation de l'homme par l'homme (les exploités contre les exploitants) donc, il y a deux initie ans environ, Barrabas contre l'occupation Romaine, même si dans ce contexte historique, il s'agissait d'une occupation étrangère ; ce qui n'enlève rien à l'essence même du problème de base élaboré ici : celui du choix de la violence, de la lutte armée, de la révolte aux dépens de celui de la Charité ! Deux mondes parallèles ; deux univers éternellement opposés l'un à l'autre...

Enfin, ces même moyens encouragés par les Illuminatis aident mieux à comprendre, et à cerner ceux ayant été à l'origine de la tolérance à outrance de cette fin du XXe siècle (depuis les années 1960) : tolérance de l'usage des drogues et de la sexualité, cette dernière sous toutes ses formes ; tolérance de la contraception, de l'avortement et du divorce, de la destruction même, en fin de compte, des bases de la famille, de l'éducation, donc de la Société en général !

Encore une fois, il ressort de tout ceci que les Illuminatis ont bel et bien établi les bases d'une *« Guerre de Religion »*. [5]

---

5 — Note de l'auteur..

Conseil des 13 : « *Parodie de la dernière Cène* »

Le Conseil des Illuminatis Juifs comprend 13 membres. Ce Conseil des 13 était, et demeure la tête, le corps exécutif du « Conseil des 33 ». En d'autres mots, celui-ci est l'Exécutif Suprême des Illuminatis. [6]

Ses membres prétendent posséder un savoir supérieur dans tout ce qui se rapporte à la doctrine religieuse, aux rites religieux et aux cérémonies religieuses. Ils sont ceux qui ont conçu l'idéologie du Matérialisme-athée qui, pour sa part, fut publié sous le titre : « *Le Manifeste du Parti Communiste* » par Karl Marx. [7]

A remarquer que ce Conseil des 13 représente en lui-même une sorte de parodie de la « *Dernière Cène* » du Christ avec ses 12 Apôtres. Encore là, force est de réaliser que l'on a encore à faire à une « Guerre de Religion ». [8]

Conseil des 33 [9]

Quant à ce « Conseil des 33 », il n'est, ni plus ni moins, qu'un genre de Comité Exécutif des Loges du Grand Orient de la Franc-Maçonnerie... Ce même Conseil se compose de Capitalistes, de Scientistes et d'industriels de plusieurs pays.

Illuminisme : « *Le rituel des Illuminatis* »

C'est le nom donné aux Cérémonies spéciales écrites par le professeur Adam Weishaupt de Francfort en Allemagne ; cérémonies composées sous l'instigation d'hommes qui, en 1773, constituaient les Grands Prêtres du Satanisme.

Le Rituel des Illuminatis fut introduit dans la Grande Loge Bavaroise en 1776, préliminaires devant précéder l'infiltration des Loges du Grand Orient de la Franc-Maçonnerie de France, et cela, dans le but évident de mettre à exécution, de réaliser les Plans prévus pour la « Grande Révolution Française » qui était prévue pour se produire en 1789.

---

6 — « *Pawns in the Game* », p. 32.
7 — *Ibid*, pp. 32-33.
8 — Note de l'auteur.
9 — « *The Red Fog over America* », pp. 4-5.

D'ailleurs, une version moderne de «*La Messe Noire*» — le Rituel — fut introduit par le Général Albert Pike en 1781. [10]

AGENTURS : «*AGENTS-ESPIONS DES ILLUMINATIS*»

*C*e sont des personnes exceptionnellement intelligentes que les Illuminatis choisissent dès leur jeune âge — le Groupe MENSA par exemple — qu'ils éduquent, puis endoctrinent dans l'idéologie d'un Matérialisme séculaire. Par la suite, ceux-ci sont spécialement entraînés, puis rendus capables d'agir en tant qu'Experts et Spécialistes dans les coulisses de tous les Gouvernements, tant légitimes que subversifs, aussi bien qu'à tous les niveaux du monde politique, économique et industriel, ainsi que celui des sciences sociales et du religieux. (L'on pourrait inclure, ici, les diverses infiltrations, tant au Vatican que dans d'autres Églises Chrétiennes qui ont eu pour conséquences, entre autres, des changements profonds dans le contenu et l'orientation des Doctrines de base depuis les années 1960. [11]).

En exerçant un tel contrôle, ces «Agents-Espions» des Illuminatis peuvent ainsi persuader, ou même forcer, les Exécutifs à adopter des politiques qui permettront de réaliser leurs plans secrets en vue de la constitution d'un Gouvernement Mondial pour lequel ils sont organisés, et même prêts, à usurper les Pouvoirs. [12]

D'ailleurs, ce mot d'Agenturs ne signifie-t-il pas : L'Organisation complète du corps des Agents espions, contre-espions, maîtres-chanteurs, saboteurs, personnages du monde souterrain, et n'importe qui d'autre se situant en dehors de la Loi, et permettant aux Conspirateurs Internationaux de faire avancer leurs Plans et leurs ambitions secrètes ? [13]

Certains Agenturs travaillent en vue d'établir un Gouvernement Mondial parce qu'ils croient que c'est là l'unique solution aux problèmes actuels dans la Politique, le Social et l'Économique, entre autres. Par contre, d'autres travaillent à ce même but, mais dans l'optique de récompenses à recevoir des Illuminatis pour l'accomplissement de leur tâche. Ces récompenses peuvent consister

---

10 — *Ibid.,* pp. VI-VII.
11 — Note de l'auteur.
12 — «*The Red Fog over America*», p. IV.
13 — «*Pawns in the Game*», p. 28.

1. – Dans des fonds monétaires, et des influences permettant l'obtention de Postes de Direction au sein de la Politique, du Commerce ou de l' industrie ;
2. – Dans des Promotions rapides à l'intérieur de Services Gouvernementaux, Diplomatiques, d'ordre Civil ou militaire, etc..
3. – Dans l'obtention de Publicité, de Prestige et d'Honneurs dans le monde des Sciences Sociales ;
4. – Dans l'acquisition de richesse et de sécurité sociale à l'intérieur des classes luxueuses de la Société.

Parmi ceux sachant qu'ils travaillent pour l'établissement d'un « Gouvernement Mondial », et ceux qui ne s'en doutent aucunement, beaucoup ne sont pas du tout conscients qu'ils travaillent pour un « Ordre Luciférien ».

Pour la plupart, ils sont gagnés, néanmoins, à l'établissement d'un tel gouvernement futur. D'ailleurs, plusieurs ne cherchent même pas à savoir qui peut bien se cacher derrière une telle idée. [14]

Ainsi beaucoup n'ont même pas réalisé que TOUTES LES ORGANISATIONS AYANT DES ASPIRATIONS A L'INTERNATIONALISME, ONT ÉTÉ ORGANISÉES, FINANCÉES, DIRIGÉES ET CONTRÔLÉES PAR LES ILLUMINATIS DEPUIS 1786. [15]

GOYIMS : « *CEUX N'ÉTANT PAS DU GROUPE DES ILLUMINATIS* »

Ce terme, pour sa part, sert à identifier tous ceux n'étant pas du Groupe des Illuminatis, ceux qui, par conséquent, sont sans importance aucune. [16]

En d'autres mots, ce terme est utilisé par les Illuminatis pour indiquer, pour reconnaître tous ceux qui sont marqués pour être soumis, indépendamment de leur race ou de leur Foi comme « *Bétail Humain* ». [17]

Plusieurs sont portés à penser que ce mot que l'on retrouve dans les « *Protocoles des Sages de Sion* » signifie « Gentils » ou « non Juifs ». L'interprétation du mot dans les années 1920-30 se référait

---

14 — « *The Red Fog over America* », p. 5.
15 — *Ibid,*, p. 111.
16 — « *Pawns in the Game* », p. 28.
17 — « *The Red Fog over America* », p. VI.

plutôt à «*Bétail*», et était utilisé alors d'une manière dégradante pour bien indiquer tous les peuples, toutes les races et toutes les croyances religieuses (le Crédo-symbole de toutes les Sectes); tous ceux qui ne sont pas éduqués, entraînés par les membres Agenturs appartenant aux Illuminatis. [18]

Impossible ? Des hommes ne peuvent pas penser de cette manière ? Les histoires de « *Conspiration* » ne sont l'œuvre que d'un Groupe restreint ayant peu d'influence, et véhiculant des idées bizarres ! Il y a toujours eu des exceptions semblables, mais l'histoire ne s'est pas arrêtée pour autant, etc. L'Église Catholique, dans le cours de l'histoire, est celle qui a inventé ces histoires dans le but de se donner plus de pouvoir politique et économique, etc. etc. etc. ...

Tout ceci me réfère, entre autres, à une émission diffusée à la Radio d'état de Radio-Canada l'après-midi du Jeudi 27 Janvier 1994 où il était question d'inventions historiques et où la Franc-Maçonnerie et la famille Rothschild complotaient contre l'humanité, avec des tours de langage, et à coups d'erreurs historiques : manipulation éhontée de vérités historiques maintes fois prouvées, pourtant; avec une pédanterie toute intellectuelle dénuée de tout bon sens, l'interlocuteur a réussi à faire croire à un auditoire d'après-midi, que la Franc-Maçonnerie était une Institution honorable, au-dessus de tout reproche, et victime de calomnies fabriqué de toutes pièces par l'Église Catholique !

Vraiment, la bêtise humaine semble parfois ne pas avoir de limites ! Que l'on comprenne bien ceci au départ :

> «*L'Antéchrist n'est pas une invention; il fait partie de Prophéties bien établies, et inscrites en toutes lettres dans la Bible*». «*Le Mal lui non plus, n'est pas une invention humaine; il fait partie de la base même de la Foi, et se retrouve mentionné dans toutes les religions*». Le nier, c'est du même coup faire preuve d'ignorance, voire même porter en soi de fortes tendances à la schizophrénie !

Alors, le Mal et l'Antéchrist étant des réalités, qui ne sont pas à démontrer d'une manière élaborée dans le cadre de cet «*Essai*»;

---

18 — *Ibid.*, p. 7.

il est plus qu'évident que leurs esclaves existent, sinon l'humanité serait déjà un paradis depuis très longtemps. Car au cas où certains ne se seraient jamais posé la question, le Mal, comme le Bien, ne se propage pas seul, comme par enchantement. Ils ont besoin, pour se perpétuer, d'un individu à un autre, d'une période historique à une autre, de personnes consentantes !

Ceci étant dit, à moins de se répéter à l'infini pour n'aboutir nulle part, il est par conséquent évident, après des vérifications de documents, de recherches historiques diverses, d'en arriver à découvrir que oui, il y a bien « *Conspiration* », à moins de se fermer volontairement les yeux par peur de devoir affronter une réalité difficile.

Et, au centre même de cette « *Conspiration Historique* » ayant pour objectif l'Établissement d'un Nouvel Ordre Mondial, il y a des individus connus sous le nom d'Illuminatis. Ceux-ci, sont regroupés à l'intérieur d'un petit Groupe très restreint, mais aussi très puissant, la preuve en est, entre autres ce qui n'est pas un hasard — que les enseignements et les idées de celui-ci furent le lot de tous les Groupes révolutionnaires depuis 1789, de même que la base de tous les régimes totalitaires. L'exemple le plus éloquent à ce sujet est celui de l'U.R.S.S. avec ses 90 millions de morts depuis la Révolution de 1917 ; de même que celui de la Chine de Mao avec sa Sanglante Révolution Culturelle. A l'intérieur même de l'idéologie de Lénine, ceux n'acceptant pas à la lettre les enseignements communistes devaient être traités comme du *« Bétail »* : Les millions d'êtres humains dont j'ai besoin pour faire mon expérience sociale ne valent pas plus à mes yeux que des millions de cochons d'Inde. [19]

Et la base même du « *Catéchisme Communiste* » s'exprime ainsi dans ses Dogmes :

> « La matière seule existe ; l'homme est un animal technique ; la religion est l'opium du peuple ; Dieu, c'est le mal ; la propriété, c'est le vol ; l'autorité, quelle qu'elle soit, doit être abolie ; la famille est un foyer de putréfaction bourgeoise ; le mariage est une institution absurde et immorale ». [20]

Et Jules Guesde, dans son « *Essai de Catéchisme Socialiste* » dira :

---

19 — « *Le Corps Mystique de l'Antéchrist* », 212 p., René Bergeron, Ed. La Presse Libre Nord-Américaine, Mai 1993 ; p. 83.
20 — *Ibid.*, pp. 53-54.

« Qu'est-ce-que l'homme ? L'homme est le dernier terme dans la série animale... » [21]

Et le fondateur du Communisme d'ajouter, entre autres : Pour atteindre un but révolutionnaire, tout est permis... Pour faire cent soi-disant bolcheviks, il suffit d'un vrai communiste, à quoi on adjoint 39 criminels et 60 imbéciles. [22]

En ce sens, les paroles du franc-maçon Marmontel sont des plus révélatrices : On lui fera valoir (à la Nation) et on lui fera dire ce qu'elle n'a jamais pensé... La nation est un grand troupeau quine songe qu'à paître et qu'avec de bons chiens, les bergers mènent à leur gré... [23]

Impossible ? [24]

HISTORIQUE DES ILLUMINATIS :
« CONTINUATION DE LA CONSPIRATION LUCIFÉRIENNE »

C'EST uniquement en 1950 que j'ai percé le secret que les guerres et les révolutions qui surgissent, ici et là, et les conditions chaotiques qui en découlent, ne sont rien de moins que les effets de la Continuation de la Conspiration Luciférienne. [25]

Adam Weishaupt, professeur spécialisé dans l'enseignement de la Loi Canonique, avait renié le Christianisme pour embrasser l'idéologie Luciférienne pendant qu'il enseignait à l'Université de Ingoldstadt (Bavière, Allemagne) dans les années 1770.

En 1770, un prêteur qui avait organisé la Maison Rothschild retint ses services pour réviser et moderniser les vieux « *Protocoles* » écrits dans le but de donner à la Synagogue de Satan, la domination ultime du monde, et imposer ainsi l'idéologie Luciférienne sur l'espèce humaine ; domination devant subvenir juste après le cataclysme social final : La Grande Révolution !

Weishaupt compléta son travail le 1er mai 1776.

Le Plan ainsi rédigé requérait la « DESTRUCTION DE TOUS LES GOUVERNEMENTS ET DE TOUTES LES RELIGIONS EXISTANTES ».

---

21 — *Ibid.*, p. 56.
22 — *Ibid.*, p. 60.
23 — *Ibid.*, p. 130.
24 — Note de l'auteur.
25 — « *Pawns in the Game* », p. IX.

Cet objectif devait être atteint en divisant les masses (les populations nommées GOYIMS : ce qui signifie «*Bétail humain*»), en camps opposés afin d'augmenter les tensions politiques, raciales, sociales, économiques et autres. Par la suite, ces camps devaient être amies, et un incident devait être provoqué pour les pousser à s'affronter, et à s'affaiblir les uns les autres tout en détruisant leurs Gouvernements Nationaux et leurs Institutions Religieuses.

En 1776, Weishaupt organisa, et fonda les Illuminatis dans le but de mettre ce Plan, ce Complot à exécution. — Le terme Illuminati est dérivé de celui de Lucifer, et signifie, entre autres, «*Détenteur de Lumière*» —.Utilisant le mensonge, il recruta environ 2.000 adeptes auxquels il exposa son objectif qui était de mettre sur pied un «GOUVERNEMENT MONDIAL» qui ferait des hommes possédant des facultés mentales supérieures, ceux qui gouverneraient le monde. Ce Groupe de 2.000 personnes formé par Weishaupt, à l'époque, se composait des personnes jugées être les plus intelligentes dans les domaines des Arts et des Lettres, de l'Éducation, des Sciences, de la Finance et de l'Industrie. Par la suite, celui-ci établira les Loges du Grand Orient pour lui servir de quartiers généraux secrets.

LE PLAN RÉVISÉ PAR WEISHAUPT exigeait que ses Illuminatis suivent certaines prescriptions qui devaient les aider à réaliser leurs objectifs. Celles-ci peuvent se résumer ainsi :

1. — Utiliser la corruption monétaire afin d'obtenir le contrôle de personnes occupant des postes élevés à différents niveaux de tous les Gouvernements et des autres champs de l'activité humaine. Une fois qu'une personne influente tombait sous l'emprise des Illuminatis par les mensonges et les supercheries, elle devait être gardée en esclavage par l'application de chantage politique ou autre, de menaces de ruine financière, de scandale public, d'attaques physiques, et même de mort, contre elle ou leurs proches. [26]

Les fondements les plus terre à terre de la pensée de Weishaupt furent très bien démontrés dans ses «*Règles de Moralité des Illuminatis*» : La fin justifie les moyens…Le bien de l'Ordre des

---

26 — *Ibid.*, p. x.

Illuminés justifie la calomnie, l'empoisonnement, le parjure, la trahison, la révolution, enfin tout ce que les préjugés des hommes appellent crimes... Ne cessons jamais de corrompre et de semer le vice dans le peuple. Injectons le vice par tous les sens de l'homme pour qu'ils en soient saturés. Nous avons entrepris la corruption en masse et cette corruption nous permettra un jour de coucher l'Église dans sa tombe. Notre but est la destruction du Catholicisme. [27]

Et après certains tenteront de nous faire croire que la « *Conspiration* » n'existe pas, qu'elle est le fruit d'une invention historique de l'Église ou bien d'esprits tortueux et malades. Mais cela devient ridicule lorsque l'on apprend, avec documents historiques à l'appui, que Weishaupt a bel et bien existé ; qu'il a écrit ces textes ; qu'il a été en relation directe avec la famille Rothschild et même financé par cette dernière ; qu'il a fondé les Illuminatis ; que ceux-ci étaient composés par l'Élite Intellectuelle ; que ces Illuminatis ont infiltré les Loges du Grand Orient de France pour en prendre par la suite le contrôle absolu ; que ces Illuminatis ont financé les Penseurs de la Révolution Française, ceux de la Révolution Russe, et qu'ils ont aidé à établir les bases du Nazisme ; et que leurs descendants, par le biais de la Finance internationale et des Nations-Unies établissent les bases d'un Nouvel Ordre Mondial ! En outre, tel que précisé par lui-même, Weishaupt a décrété que son but premier était la destruction pure et simple de l'Église Catholique Romaine, du Christianisme en général ; donc que la base même, la raison d'être première des Illuminatis, était une « *Guerre de Religion* ».

Impossible ? Le Mal n'existe pas ? Et puis quoi encore ?

De plus, une des nombreuses preuves démontrant la relation directe entre les Illuminatis et les Penseurs du Communisme se retrouve exprimée dans ce texte d'un discours que Lénine prononça au 3e Congrès panrusse des Jeunesses communistes (1920) dont voici un extrait :

> « Toute cette moralité empruntée à des conceptions extérieures aux classes ou même à l'humanité, nous la nions... Nous ne croyons pas à la moralité éternelle, nous dénonçons le mensonge de toutes les moralités légendaires... » [28]

---

27 — « *Le Corps Mystique de l'Antéchrist* », p. 68.
28 — *Ibid.*, p. 67.

Est-il besoin d'ajouter que Lénine était un disciple des Loges de Bavière ?[29]

L'une des nombreuses preuves, d'un autre côté, établissant une parenté indéniable dilue le Communisme et le Nazisme, se retrouve non seulement dans la base de leurs écrits faisant ressortir que les moyens préconisés ont une seule et même source idéologique — celle des Illuminatis — mais encore, dans les deux déclarations suivantes :

> « En dépit de la profonde différence de leurs bases sociales, dit Trotsky, le stalinisme et l'hitlérisme sont des phénomènes symétriques. Par bien des traits ils se ressemblent de façon accablante.[30]
>
> « Entre les deux interlocuteurs, il n'existe aucune incompatibilité doctrinale : on ne comprendra rien au nazisme si l'on n'y voit un super-bolchevisme, une quintessence de révolution, cette révolution allemande que Heine prophétisait dès 1835 telle qu'elle s'est montrée, en la déduisant de la philosophie germanique ; Hitler serait inconcevable sans Karl Marx et sans Lénine dont il pousse les théories à leur ultime aboutissement pratique. Ce qui le sépare de Staline, ce sont les intérêts. »
>
> *M. Auguste Viatte, professeur à l'Université Lavl de Québec (Canada), 16 Nov. 1940.*[31]

Le deuxième Article définit par Weishaupt dans son Plan révisé est exprimé ainsi :

> 2. – Les Illuminatis installés dans les Facultés des Collèges et des Universités devaient recommander aux étudiants possédant des facultés mentales exceptionnelles, et appartenant à des familles nobles ayant des tendances internationalistes, de se diriger vers un entraînement spécial dans l'internationalisme.[32]

Cet entraînement devait se faire à partir de bourses d'études octroyées à ceux qui avaient été choisis. Ils devaient être éduqués

---

29 — *Ibid.*, p. 68.
30 — *Ibid.*, p. 181
31 — *Ibid.*, p. 181
32 — « *Pawns in the Game* », p. x.

— endoctrinés, si l'on préfère — dans l'acceptation de l'idée, que seul un «*Gouvernement Mondial*» peut mettre fin aux guerres courantes et aux tribulations. En outre, ils devaient être persuadés, puis convaincus, que les hommes possédant des facultés et des esprits spéciaux avaient le «Droit de gouverner» ceux étant plus faibles qu'eux au niveau de l'intelligence parce que les GOYIMS ne savent pas ce qui est bon ou non pour eux, tant physiquement que mentalement, et spirituellement.

Trois de ces écoles à vocation spéciale sont situées, l'une à Gordonstown en Ecosse; une autre à Salem en Allemagne, et l'autre à Anavryta en Grèce. Par exemple, le Prince Philips, le mari de la Reine Elizabeth d'Angleterre, fut éduqué à Gordonstown à la demande de son oncle, Lord Louis Mountbatten qui devint Amiral de la Flotte de Grande-Bretagne après la fin de la seconde guerre mondiale.

3. — Les personnes influentes prises sous le contrôle des Illuminatis, et les étudiants spécialement éduqués et entraînés, devaient être utilisés comme AGENTURS, et placés derrière les scènes de TOUS LES GOUVERNEMENTS en tant qu'EXPERTS ET SPÉCIALISTES. De cette manière, il leur serait alors possible de pouvoir aviser les Directeurs susceptibles d'adopter des politiques qui pourraient, à long terme, servir LES PLANS SECRETS des partisans d'UN SEUL ORDRE MONDIAL; de même qu'ils pourraient ainsi apporter la destruction ultime des gouvernements et des religions, tâche pour laquelle ils avaient été, ou élus, ou tout simplement nommés pour servir.

4. — Les Illuminatis devaient obtenir le contrôle de la Presse et de toutes les autres Agences qui distribuent de l'information au public. Les Services de Nouvelles et d'information devaient être biaisés de sorte que les GOYIMS en arrivent à croire qu'UN GOUVERNEMENT MONDIAL soit la seule et unique solution à tous leurs problèmes. [33]

Aujourd'hui, en 1994, ce contrôle de la Presse Nationale et Internationale est largement acquis par les Sociétés Mondialistes,

---

33 — *Ibid.*, p. XI.

et se reflète quotidiennement par ce qu'il est convenu d'appeler la «DÉSINFORMATIONS» du Médium. Ceci se vérifie dans l'information manipulée, camouflée, masquée, maquillée — comme c'est le cas, d'une manière unilatérale dans la Presse au Québec (Canada) où l'autocensure et le despotisme des Directeurs d'Information font la Loi, et privent le public d'une éducation vitale pour son développement historique —. Tous ces jeux de théâtre macabre dans l'Information sont organisés de manière à donner au public au jour le jour, l'impression que celui-ci est informé sur ce qui se passe autour de lui alors qu'en réalité, les faits réels, et les causes cachées de ces faits qui modèlent sa vie, sa pensée, sa manière d'agir courante, lui sont volontairement cachés. En d'autres termes, pour garantir une stabilité politique ; assurer une consommation, une ingurgitation économique absente de toute perturbation extérieure, l'on fabrique pour ce même public désabusé, en très haut lieu, un modèle de réflexion sur le monde qui l'entoure. Tout ceci a pour résultat premier de rendre les populations abruties, engourdies dans leurs mécanismes intérieurs de pensée, tout en les plaçant dans un état permanent de peur et de crainte de tout ce qui pourrait se situer en dehors de cette réalité qui leur est imposée. C'est ainsi, par exemple, qu'une réalité comme celle qui est présentée dans ce volume, — soit une «*Conspiration volontaire pour l'établissement d'un Nouvel Ordre Mondial*» par un Groupe restreint et très sélect : les «*Illuminatis*» dont plusieurs se retrouvent au sein des Nations Unies : bien que cette même réalité repose sur des documents historiques et actuels indiscutables, paraîtra dangereuse, voire même totalement insensée pour la plupart, alors qu'un fait fabriqué de toutes pièces, et représentant peu ou pas d'intérêt, mais parce qu'il fut présenté d'une manière officielle par la télévision ou la radio nationale sera, pour sa part, considéré comme étant une vérité absolue et indéniable. [34]

A ce propos, le Journal «*Le Spotlight*» — 300 Independance Ave. SE. à Washington D.C., aux États-Unis, rapportera :

> « A l'intérieur des cinq prochaines années, soit donc de 1993 à 1998, l'industrie des Médias de Nouvelles et du Divertissement

---

34 — Note de l'auteur.

sera composée de seulement un tout petit Groupe de Géants Internationaux, incluant des Corporations aux États-Unis et à l'étranger. Cette information provient d'une source sûre située à l'intérieur même d'un « *Méga Média* », soit de J. Nicholas Jr., ex-président et Chef exécutif du Time Inc. Selon M. Nicholas, les fusions en cours, les acquisitions et les unions d'entreprises agissent vite maintenant, de manière à créer l'émergence de ce que les critiques appellent déjà : « *Le Monopole des Médias* ». [35]

En d'autres mots, une Presse Mondiale créée par des Intérêts mondiaux, à leur service, a pour fonction de répandre dans les populations l'idée de la nécessité d'un Gouvernement Mondial : une vaste et complexe machine à l'intérieur de laquelle les Journalistes ne seront plus que de simples automates, que des « *Rapporteurs de nouvelles* » sans importance aucune. [36]

En fait, ajoutera « *Le Spotlight* », le défunt Robert Maxwell, le Baron anglais des Médias, disait lui-même qu'éventuellement il n'y aura plus que sept à dix grandes Corporations Globales des Communications... L'un des facteurs majeurs du Monopole grandissant des Médias est sans aucun doute l'émergence de l'Unification de l'Europe, et de plus, la croissance des Marchés pour les Médias en Asie et dans le Pacifique. Les nouveaux Maîtres des Médias comptent beaucoup sur l'afflux des dollars dans l'Est, avec l'augmentation du Commerce et l'Exportation de l'industrie dans le but de revitaliser la Publicité qui rapportera énormément le jour où les masses populaires orientales se tourneront vers leur téléviseur et leur radio pour être bombardé par les discours-éclairs concernant le « *Fast-Food* », la voiture rapide, et toute la panoplie des remèdes magiques provenant des Compagnies Multinationales des Médicaments [37].

En d'autres mots, une Information contrôlée en fonction des Intérêts des banquiers mondialiste. Et ici, on passe volontairement sous silence le potentiel politique immense d'une telle organisation. [38]

---

35 — Journal « *Le Spotlight* », Janv. 1993.
36 — Note de l'auteur.
37 — Journal « *Le Spotlight* », Janv. 1993.
38 — Note de l'auteur.

Et le « *Le Spotlight* » de poursuivre en ces termes. Ils ne sont pas des philosophes, ni des écrivains, ni des artistes, comme cela était le cas dans le passé, mais des Financiers !... Qui sont-ils, en fait, ceux qui sont à la tête de ces Conglomérats Internationaux qui décident quelles nouvelles vous lirez ou entendrez ; quelle philosophie politique devrait vous être donnée à consommer, et surtout, ce qui doit constituer la culture définie par eux, ces maîtres des Monopoles Internationaux qui ont déjà pensé le futur de la planète pour vous ? [39]

Dans les pays totalitaires, le Gouvernement, l'élite dictatoriale est celle qui contrôle les médias, qui façonne la pensée de chacun. Mais aux États-Unis, au Canada et en Europe, l'on peut dire que ceux qui contrôlent les Médias sont ceux qui, précisément, contrôlent les Gouvernements, à plus forte raison, la manière de penser des populations des Nations Occidentales.

Selon les analyses produites par le « *Media Business Review* », le journal trimestriel qui fait autorité dans la surveillance de l'industrie des Médias, les noms les plus puissants actuellement sur la planète dans le Monopole Global des Médias sont par ordre d'importance : « *Time Warner Inc.* » ; Bertelsmann AG (situé en Allemagne de l'Ouest). Ses actifs financiers comprennent, aux États-Unis, Doubleday Books et les disques R.C.A. ; News Corp. Ltd. (le château-fort du Média de Rupert Murdoch dont le réseau de Fox Télévision se bat contre ABC, CES, et NBC) ; Maxwell Communications Corp. ; Hachette SA., (contrôle 74 publications dans quelque dix pays) ; Walt Disney Corp. ; Turner Broadcasting Corp. (75 pays à travers le monde ont accès au Réseau de Nouvelles par Câble Turner ; contrôle la bibliothèque de Films MGM et RKO) ; General Electric (possède NBC ; contrôle Capital GE et Kilder Peabody Inc. aux États-Unis) ; Sony Corp of Japan, et télécommunications/United Artists Entertainment (possède la chaîne *Vidéo Blockbuster*). [40]

Comme il est possible de s'en rendre compte, mais très en surface, le Plan Revisé par Weishaupt au XVIIIe siècle poursuit son cours, même en cette fin de XXe siècle.

---

39 — « *Le Spotlight* », Janv. 1993.
40 — *Ibid.*

Et toujours dans la poursuite très diabolique de son Plan : Parce que l'Angleterre et la France étaient deux grandes puissances à la fin du XVIII⁰ siècle, il ordonna aux Illuminatis de fomenter les Guerres Coloniales dans le but d'affaiblir absolument l'empire Britannique, et d'organiser ainsi la Grande Révolution qui devait, pour sa part, affaiblir l'empire Français ; cette dernière étape ayant été prévue pour devoir commencer à partir de 1789.

Un auteur allemand du nom de Zwack mit en volume la version révisée des « *Protocoles par Weishaupt* », et la fit publier sous le titre : « *Einige OriginalScripten* ». En 1784, une copie de ce document fut envoyée aux Illuminatis délégués par Weishaupt afin de fomenter la Révolution Française. Le Courrier alors chargé d'apporter ce document aux Illuminatis français fut frappé à mort par un éclair pendant qu'il traversait Rastibon sur sa route de Francfort à Paris. La Police découvrit ainsi les documents subversifs, et les envoyèrent aux autorités gouvernementales concernées. [41]

A la suite d'une étude attentive des documents, le Gouvernement Bavarois ordonna à sa police de perquisitionner chez les nouvelles Loges du Grand Orient organisées par Weishaupt...

En 1785, le Gouvernement Bavarois mit les Illuminatis hors la loi, et ferma les Loges du Grand Orient.

En 1786, les Autorités publièrent les détails de la « *Conspiration* ». Le titre anglais de ce document était : « *Les Écrits Originaux de l'Ordre et de la Secte des Illuminatis* ». Des copies du document de la « *Conspiration* » furent envoyées aux dirigeants de l'Église et des États. Mais le pouvoir des Illuminatis était déjà si grand que l'avertissement fut ignoré. [42]

Ce fut à ce moment-là que les Illuminatis devinrent un « *Mouvement Clandestin/Underground* ». Weishaupt ordonna à ses Illuminatis d'infiltrer les Loges de la Maçonnerie Bleue, et de former une « *Société Secrète* » à l'intérieur même des Sociétés secrètes.

Seuls les Maçons ayant démontré qu'ils étaient de parfaits Internationalistes, et ceux dont la conduite prouvait qu'ils avaient apostasié — donc qu'ils avaient renié Dieu — pouvaient être ini-

---

41 — « *Pawns in the Game* », p. XI.
42 — *Ibid.*, pp. XI-XII.

tiés dans l'Ordre des Illuminatis. De plus, il fût décidé que les Conspirateurs utiliseraient, dans le futur, le masque de la philanthropie pour cacher leurs activités révolutionnaires et subversives. (43)

Cette mystification volontaire des Illuminatis décrétée par Weishaupt vers 1786, se retrouve très bien décrite, ici, par W. Wilmshurst, un haut dignitaire des Loges, dans « *The Masonic Initiation* », p. 42 : Pour ceux qui désirent seulement une organisation sociale agrémentée d'un peu de cérémonial pittoresque et fournissant une occasion de distraction ou de distinction personnelle, la Maçonnerie ne sera jamais plus que la formalité qu'elle a longtemps été et qu'elle est toujours pour beaucoup, et eux-mêmes resteront toujours dans l'ignorance de sa signification, de son but et de ses grandes possibilités. (44)

Et toujours dans le même esprit : C'est-à-dire que ces gens, même s'ils portent beaucoup de titres et d'avancements, ne vont ordinairement pas au-delà des « degrés bleus » qui ne sont, d'après Albert Pike (un 33e authentique celui-là), *« que le parvis ou l'antichambre du Temple »*. (45)

Oswald Wirth avouera, pour sa part, dans «*Le Livre de L'Apprenti*», p. 118 :

« Quantité de Maçons s'imaginent connaître la Maçonnerie, alors qu'ils ne soupçonnent même pas l'existence de ses mystères et de son ésotérisme ». (46)

Et Albert Pike, dans «*Morals and Dogmas of the Ancient and Accept Scottish Rite*», p. 819 :

« Une partie des symboles y est divulguée à l'initié, mais ce dernier est intentionnellement induit en erreur. On ne veut pas qu'il les comprenne. Leur vraie explication est réservée aux adeptes, aux princes de la Maçonnerie ». (47)

« Donc, les gens d'affaire, ceux ayant des positions sociales honorables, mais désirant un petit quelque chose

---

43 — *Ibid.*, p. 12.
44 — «*Le Corps Mystique de l'Antéchrist*», p. 162.
45 — *Ibid.*, p. 162.
46 — *Ibid.*, p. 162.
47 — *Ibid.*, pp. 162-163.

de plus mystérieux pour briser leur propre solitude, et avoir l'impression d'appartenir à quelque chose de grand ; ceux-là sont volontairement trompés, et ne savent pas qu'ils sont placés dans leurs positions honorifiques et administratives (qu'ils remplissent néanmoins efficacement et admirablement) simplement pour donner à l'ordre une sanction sociale et... pour mettre nos mystères en bonne grâce. »

(W. Wilmshurst, « The Masonic Initiation », p. 203). [48]

D'ailleurs, plusieurs Maçons de bonne foi, au Québec par exemple, diront à tous ceux qui veulent les entendre, que leur Loge est inoffensive ; qu'ils n'ont rien à voir avec le Grand Orient de France. Pourtant, tous ces arguments de langage sincère n'enlèvent en rien à la signification volontairement cachée de la F.-M., mais qui pourtant, est totalement différente de tout ce qui leur fut raconté pour mieux se servir d'eux comme paravent. La preuve, la signification réelle des 33 Degrés de la Maçonnerie, malgré ses apparences honnêtes est :

1er degré – Exploitation vicieuse de la Curiosité ;
2e degré – Exploitation vicieuse de l'Ambition ;
3e degré – Exploitation vicieuse de l'Orgueil ;
4e degré – Glorification de l'Athéisme et de l'Anarchie,
5e degré – Mort à toute Religion (l'Athéisme obligatoire) ;
6e degré – Glorification de la Vengeance ;
7e degré – Glorification du Mal ;
8e degré – Guerre au Bien.
9e degré – Guerre à la Chasteté ;
10e degré – Guerre à la Loyauté ;
11e degré – Guerre au Droit Social ;
12e degré – Guerre à la Propriété Sociale ;
13e degré – Tout à la Corruption ;
14e degré – Exploitation corruptrice des théories déistes ;
15e degré – Exploitation corruptrice des pratiques déistes ;
16e degré – Exploitation corruptrice du Rationalisme ;
17e degré – Exploitation corruptrice du Patriotisme ;
18e degré – Exploitation corruptrice du Collectivisme ;

---

48 — *Ibid.*, pp. 163.

19ᵉ degré – Glorification de la Perversion ;
20ᵉ degré – Perversion des masses Populaires ;
21ᵉ degré – Perversion par les Passions et les Appétits ;
22ᵉ degré – Perversion des classes dirigeantes ;
23ᵉ degré – Perversion des Institutions ;
24ᵉ degré – Perversion de la Liberté ;
25ᵉ degré – Perversion de l'Égalité ;
26ᵉ degré – Perversion de la Fraternité ;
27ᵉ degré – Perversion de l'Intellectualité,
28ᵉ degré – Glorification du Naturalisme ;
29ᵉ degré – La négation du Créateur ;
30ᵉ degré – Glorification de l'Hypocrisie ;
31ᵉ degré – Parodie avilissante de la Justice ;
32ᵉ degré – Parodie avilissante de la Légalité ;
33ᵉ degré – Glorification de Satan. [49]

Y a-t-il une Franc-Maçonnerie inoffensive ? NON !

Y a-t-il des Francs-Maçons inoffensifs ? Oui ...

Encore dans la continuité des événements de 1786, toujours est-il que la situation de l'Église et de l'état français se compliqua, parce que les dirigeants de l'Église et de l'état Français furent avisés d'ignorer tous les avertissements reçus de la police bavaroise ; la Révolution Française éclata en 1789. [50]

En 1829 eut lieu à New York une réunion pour les Illuminatis présidée par un Illuminisme anglais du nom de Wright. Ceux qui assistèrent à la réunion furent alors informés que les Illuminatis projetaient d'unir les Groupes Nihilistes (ceux qui prônent la recherche de la liberté totale, sans contrainte aucune, et rejettent, du même coup, toute vérité morale, toute valeur et toute hiérarchie), et les Athéistes (ceux qui nient l'existence d'un Dieu personnel) avec toutes les autres Organisations subversives (Organisations visant à détruire l'Ordre Établi) ; le tout dans une immense Organisation Internationale devant être connue sous le nom de « COMMUNISME ». « CETTE FORCE DESTRUCTRICE DEVAIT ÊTRE UTILISÉE POUR PERMETTRE AUX ILLUMINATIS DE FOMENTER TOUTES LES

---

49 — *Ibid.*, pp. 150-151.
50 — « *Pawns in the Game* », p. XII.

FUTURES GUERRES ET RÉVOLUTIONS », un comité fut alors formé afin d'amasser des fonds en vue de financer cette nouvelle entreprise. Ainsi, une partie des fonds amassés aida à financer Karl Marx et Engels, à l'époque où ils écrivirent « *LE CAPITAL* » et « *LE MANIFESTE DU PARTI COMMUNISTE* », à Soho, en Angleterre.

D'ailleurs, selon la version révisée des « *Protocoles* », la vieille Conspiration écrite par Weishaupt les Illuminatis devaient organiser, financer, diriger, et contrôler toutes les Organisations Internationales et tous les Groupes, en plaçant leurs Agenturs à des Postes de Commandes dans les Comités Exécutifs. Ainsi, pendant que Karl Marx écrivait « *Le Manifeste du Parti Communiste* » sous la direction d'un Groupe d'Illuminatis, le Professeur Karl Ritter, de l'Université de Francfort écrivait, de son côté, ses Antithèses sous la direction d'un autre Groupe d'Illuminatis. Par conséquent, ceux qui étaient à la Direction de la Conspiration pouvaient utiliser les différences existant entre ces deux Idéologies pour commencer à diviser des parties de plus en plus grandes de l'espèce humaine, en deux camps opposés ; puis armer ces mêmes camps en vue de les faire se battre, et se détruire l'un et l'autre, avec leurs Institutions Politiques et Religieuses.

Le travail commencé par Ritter fut par la suite poursuivi par un Philosophe allemand du nom de Friedrich Wilhelm NIETZSCHE (1844-1900), lequel fonda le Nietzchéisme !

LE NIETZCHÉISME FUT DÉVELOPPÉ DANS LE « FASCISME », ET PLUS TARD, DANS LE « NAZISME » QUI FUT UTILISE POUR PERMETTRE AUX AGENTURS DES ILLUMINATIS DE FOMENTER, ET LA 1ère, ET LA 2ème GUERRE MONDIALE.

En 1834, le révolutionnaire italien Guiseppi Mazzini fut choisi par les Illuminatis pour être le Directeur de leur programme révolutionnaire mondial. Il demeura à ce poste jusqu'en 1872. [51]

« *Le Bulletin Officiel de la Grande Loge de France* », n°. d'octobre 1922, p. 235 ne rappelle-t-il pas quels sont les buts premiers de la Franc-Maçonnerie à travers le monde ?

« Mes Frères..., laissez-moi seulement dire mon espérance que la F.-M, qui a tout fait pour l'émancipation des hommes et

---

51 — *Ibid.*, p. XIV.

à qui l'histoire est redevable des révolutions nationales saura aussi faire cette plus grande révolution, qui est la révolution internationale... La révolution internationale est pour demain l'œuvre de la F.-M. [52] »

Staline, le 20 mai 1938, au Présidium de l'Internationale Communiste à Moscou ne disait-il pas la même chose ?

« La reprise directe d'une action révolutionnaire d'envergure ne sera possible que si nous réussissons à exploiter les antagonismes entre les États capitalistes pour les précipiter dans une lutte armée... Ceux qui ne comprennent pas cela n'ont rien assimilé des enseignements du marxisme révolutionnaire. [53] »

En 1840, le Général Albert Pike fut amené sous l'influence de Mazzini à cause de son différent avec le Président Jefferson Davis au sujet des troupes indiennes accusées d'avoir causé des atrocités sous le couvert de la guerre légitime. Pike accepta alors l'idée d'un Gouvernement Mondial, et devint, plus tard, le Grand Prêtre de l'Église Luciférienne.

Entre 1859 et 1871, il fut celui qui mit sur papier, les détails d'un « PLAN MILITAIRE » devant servir de base pour L'ORGANISATION DES TROIS (3) GUERRES MONDIALES, et DES TROIS RÉVOLUTIONS MAJEURES qu'il considérait comme étant nécessaires pour faire aboutir la Conspiration à son stade final dans le cours du XXe siècle. [54]

Pike fut aussi celui qui organisa « *The New and Reformed Palladian Rite* » lorsque les Illuminatis et les Loges du Grand Orient devinrent suspects à cause des activités révolutionnaires de Mazzini en Europe. Il établit alors trois (3) Conseils Suprêmes : l'un à Charleston en Caroline du Sud ; un autre à Rome en Italie, et un autre à Berlin en Allemagne. Par la suite, il fit établir par Mazzini, 23 sous-conseils, surtout dans des endroits stratégiques à travers le monde. Ces endroits furent les « *Quartiers Généraux* », les points centraux secrets du Mouvement Révolutionnaire Mondial depuis lors. Bien avant l'invention de la Radio par Marconi, des

---

52 — « *Le Corps Mystique de l'Antéchrist* », pp. 128-129.
53 — *Ibid.*, p. 70.
54 — « *Pawns in the Game* », pp. XIV-XV.

scientistes qui étaient eux-mêmes des Illuminatis, avaient mis sur pied un tel système pour Pike et les Chefs-Directeurs des différents sous-conseils afin de leur permettre de communiquer secrètement entre eux. Ce fut la découverte de ces Communications secrètes qui permirent à des Officiers du Service d'intelligence de comprendre comment des événements, en apparence sans liens entre eux, avaient pris place en même temps, et avaient aggravé des situations au point de les transformer en guerres et révolutions.

Le Plan de Pike pour provoquer les trois Guerres et les trois Révolutions Mondiales étaient simple. Il requérait que le Communisme, le Nazisme et le Sionisme Politique, ainsi que d'autres Mouvements Internationaux, soient organisés, et utilisés pour fomenter les trois Guerres Globales, et les trois Révolutions majeures.

La 1ère Guerre Mondiale devait se faire pour permettre aux Illuminatis de renverser le Pouvoir des Tzars en Russie, et faire de ce pays, le Château-fort du « *Communisme-Athéiste* ». Les différences entre tes Britanniques et les Empires Allemands furent mises en évidence, et exagérées par les Agenturs des Illuminatis afin d'être utilisées pour fomenter cette Guerre. Une fois la guerre terminée, le Communisme devait être érigé en vue de détruire d'autres Gouvernements, et affaiblir les Religions.

La 2éme Guerre Mondiale devait, pour sa part, se faire à partir de l'exagération des différences — mises en évidence par les Illuminatis — et existant déjà entre les Fascistes et le Sionisme Politique. Cette guerre devait se faire de sorte que le Nazisme y serait détruit au profit de l'accroissement de la force du Sionisme Politique ; ce qui, par conséquent, devait permettre, selon le Plan de Pike écrit dans la deuxième moitié du XIXe siècles, l'établissement de l'état d'Israël en Palestine. Durant cette même guerre, le Communisme International devait, de son côté, s'accroître de manière à devenir aussi fort que les Nations Chrétiennes réunies, c'est-à-dire l'Occident Chrétien, à l'Ouest. Arrivé à ce point de croissance, le Communisme devait être retenu, tout en étant gardé en échec, jusqu'au jour où il devait servir pour la réalisation du « *Cataclysme Social Final* ». Quelqu'un pourra-t-il nier, ici, que le Président Roosevelt des États-Unis et le

Premier Ministre Churchill de Grande-Bretagne se concertèrent pour mettre en application une telle Politique ?[55]

Selon des informations de source sûre que nous avons en mains depuis 1991, il nous est possible de reconnaître que le « *Communisme* » n'est pas mort depuis la « *Chute du Rideau de Fer* » en 1989, mais qu'il s'est plutôt transformé sous un nouveau visage, avec un accroissement militaire et technologique sans précédent depuis 1917. De plus, cette transformation, cette transmutation devrions-nous dire plutôt, n'est que le paravent macabre cachant la mise sur pied du Nouvel Ordre Mondial. En ce sens, il était prévu que le Communisme, tel que connu jusqu'à cette date, disparaisse en apparence pour faire place à un semblant de démocratie. Ce temps de « *Fausse Démocratie* » devait permettre, pour sa part, aux nouveaux dirigeants de l'Empire Rouge de :

1. – Céder un contrôle nominal de l'Europe de l'Est ;
2. – Encourager, en surface seulement, la naissance et l'éclosion de mouvements démocratiques en Europe de l'Est et à l'intérieur même de l'U.R.S.S. ;
3. – Ouvrir le « Rideau de Fer », et détruire le « Mur de Berlin » ;
4. – Permettre la réunification de l'Allemagne de l'Est avec l'Allemagne de l'Ouest — affaiblir ainsi l'Économie de l'Allemagne Occidentale, et permettre, à l'extrême, l'émergence de tensions sociales et politiques intérieures — ;
5. – Déclarer ouvertement la mort du « Communisme », la fin de la « Guerre Froide », et la supposée — disparition des Partis Communistes de l'Union Soviétique et d'Europe de l'Est ;
6. – Avec l'aide du KGB, purger l'ancienne « Garde », et placer à l'arrière-plan de la scène politique, les communistes et les anciens collaborateurs communistes ;
7. – Changer ainsi le nom du « Parti Communiste », et déclarer que le Communisme est mort en Russie ;
8. – Domine naissance à de nouvelles Organisations démocratiques, mais contrôlées, par en dessous, par des Communistes et le KGB ;

---

55 — *Ibid.*, p. xv.

9. – Tenir des supposées élections démocratiques, mais manipulées, et contrôlées, en réalité par les nouveaux communistes ;
10. – Annoncer, à grands renforts de publicité, le démantèlement de la *« Police Secrète »*, mais en renouvelant l'ancienne structure tout en lui donnant un nouveau nom, et de nouvelles assignations ;
11. – Utiliser la période d'euphorie et de confusion créée par la séduction de la chute du Communisme pour renouveler, sous couvert de désarmement et de *« Paix »*, le matériel militaire soviétique, et détruire l'ancien ; de même que permettre une importation massive de la technologie occidentale sans avoir, comme cela était le cas dans le passé, à utiliser un nombre incalculable d'Agents secrets ;
12. – Établir la *« Confusion »* à l'intérieur de l'Église Catholique en donnant l'impression que les *« Promesses de Fatima »* se réalisent, et, le jour où les masques de l'illusion tomberont, se servir de la création de cette *« Impression »* pour discréditer, et les *« Apparitions Mariales »*, et tous les différents sites d'Apparitions ; ce qui aura pour conséquences premières d'affaiblir partout la crédibilité de l'Église, et de jeter la confusion dans ses rangs ;
13. – Sous un autre angle, faire porter par l'Occident le lourd fardeau : ($40-50 milliards par année), de l'Europe de l'Est ; celle-ci étant supportée dans le passé par l'U.R.S.S. ;
14. – Provoquer le retrait des troupes américaines de l'Europe de l'Ouest ;
15. – Pousser l'Europe de l'Ouest vers une certaine neutralité, et provoquer la chute de L'OTAN ;
16. – Faire en sorte que les États-Unis et l'Ouest se retrouvent à financer l'économie de l'Union Soviétique (pour la sixième fois depuis 1921) ;
17. – Faire émerger en un seul bloc économique, l'Europe de l'Ouest avec l'Europe de l'Est en y incluant l'U.R.S.S. ;
18. – Pousser les États-Unis et l'Ouest à un désarmement massif dans cette nouvelle ère de fin de la « Guerre Froide » ;

19. – Amener ainsi les États-Unis à interrompre l'aide supportant les « Mouvements anticommunistes » travers le monde ;
20. – Pousser les États-Unis à retirer leurs troupes militaires de la Corée du Sud et des Philippines ; [56]

Ces points en résumé sont très incomplets car il n'y est pas fait mention du rôle important joué ici par les Nations Unies. Mais, par contre, ils font tout de même ressortir, assez clairement, la fidélité des manœuvres actuelles de l'Union Soviétique avec ses enseignements du passé. [57]

> « Il faut être prêt à user de tous les stratagèmes, à cacher la vérité, à seule fin d'accomplir malgré tout la tâche communiste » dira Lénine. [58]

Elie Faure dira, pour sa part, dans *Europe*, p. 451, 1937 :

> « Nous revendiquons le droit de nous servir de ces mots-protées pour le besoin du langage et selon les circonstances où nous avons à les utiliser. [59] »

Et aujourd'hui Gorbachev [60], dans *Perestroïka*, avouera :

> Nous n'allons pas changer le Pouvoir Soviétique ou même abandonner ses principes fondamentaux, mais par contre, nous reconnaissons la nécessité de changements qui renforceront le Socialisme. [61]

Et cette déclaration contemporaine rejoint directement cette autre déclaration, faite pour sa part, par le fondateur même des Illuminatis, Adam Weishaupt, il y a quelque 200 ans :

> « La fin justifie les moyens. Le bien de l'Ordre des Illuminés justifie la calomnie, l'empoisonnement, le parjure, la trahison, la

---

56 — Pour établir ces 20 Points du « Plan U.R.S.S. », je me suis inspiré de l'article du « *The Fatima Crusader* » n°. 38, Printemps 1991 ; pp. 9-10. Furent traduits les n°. 1-11 et 13-20, en y ajoutant, parfois, des notes afin de compléter le Texte original anglais. L'Introduction et le n°. 12 sont de l'auteur.
57 — Note de l'auteur.
58 — « *Le Corps Mystique de l'Antéchrist* », p. 62.
59 — *Ibid.*, p. 63.
60 — *Ibid.*, p. 65.
61 — *The Fatima Crusader*, n° 38, Printemps 1991, p. 43.

révolution, enfin tout ce que les hommes appellent crimes. [62] »

Selon d'autres informations que j'ai eu entre les mains, il ressort ceci :

1. – Le supposé « *Pouvoir Démocratique* » en Russie sera balayé par un vent de Conservatisme et de Nationalisme sans précédent depuis Octobre 1917 ;
2. – Du jour au lendemain, tous les accords politiques et économiques signés avec la Russie seront reniés, en vue de provoquer une chute subite des cours boursiers partout dans le monde ;
3. – La Russie renouvelée dans un « *Super-Nationaliste-Socialiste* » se servira du supposé échec de la démocratie et de l'économie de marché en Russie pour se lancer dans une attaque de fond, une nouvelle effervescence de propagande contre l'Occident et l'Amérique ;
4. – Se servant de ce nouvel appui idéologique, la Russie écrasera dans le sang, tous les mouvements démocratiques de Russie ; ce qui lui permettra ainsi de réussir le plus grand coup de son histoire : après avoir mis à découvert tous les opposants au Communisme sous le couvert d'une pseudo-démocratisation, depuis les débuts de la Perestroïka, il lui sera alors possible, sans presque aucun effort d'anéantir définitivement, toute opposition à son projet initial d'un « *Communisme Universel* » ;
5. – Elle provoquera ainsi une renaissance de tous les mouvements révolutionnaires à travers le monde, et provoquera la chute des Gouvernements, par exemple au Sri Lanka, aux Philippines, en Uruguay, au Salvador, en Afrique du Sud, au Tchad, entre autres pour ne nommer que ceux-là ; de même qu'elle renouera ses liens — jamais complètement abandonnés — avec les Groupes révolutionnaires de la Lybie, de l'Angola, de l'Iraq, de la Syrie, du Mozambique, et reconsolidera ses liens avec Cuba et la Chine.
6. – Avec son nouveau matériel militaire, elle reprendra de force toutes ses anciennes Républiques intérieures,

---

62 — « *Le Corps Mystique de l'Antéchrist* », p. 149.

tout en y écrasant, avec l'aide du nouveau KGB, tous les Groupes d'opposition ;
7. — L'effervescence révolutionnaire et les explosions, tant économiques que de violence politique à travers le monde, provoqueront une instabilité politique et économique partout en Occident au point de provoquer la chute de plusieurs Gouvernements Nationaux, et un éclatement de toute la Politique du Moyen-Orient ;
8. — L'instabilité politique et économique mondiale amènera aux Gouvernements Occidentaux, le prétexte de restriction des « *Droits et Libertés* » à l'intérieur de leur propre territoire ; de même qu'une réorganisation des Nations Unies, et des Forces Militaires multinationales ;
9. — Du jour au lendemain, et de préférence de nuit ou lors de l'occasion d'une Fête, telle celle de Noël, ou de Pâques, mais à l'improviste, la Russie attaquera les anciens pays du Pacte de Varsovie, et fera une forte poussée militaire sur l'Europe ;
10. — Cette poussée de la Russie aura pour conséquence recherchée, de provoquer une émigration massive de la classe intellectuelle hors de l'Europe, à l'intérieur de l'enclave de l'Amérique du Nord, au Canada ;
11. — Cette émigration de l'Élite européenne permettra sans entrave la consolidation des bases du Gouvernement Mondial ; de même qu'elle rassemblera, en un point précis du monde, l'Élite...

Ce scénario prévu par les Illuminatis pourra varier dans son application, mais en gros, il résume bien les étapes envisagées pour l'instauration, dans le chaos universel, d'un Nouvel Ordre Mondial![63]

Toujours selon le Plan d'Albert Pike la 3ème Guerre Mondiale fut pensée pour se faire à partir de l'exagération des différences, mises en évidence par les Agenturs des Illuminatis, et existant entre le Sionisme Politique — Israël — et les Chefs du Monde Musulman. D'après les Plans écrits entre 1859 et 1871, cette « Guerre » devait

---

63 — Notes documentaires de l'auteur.

être dirigée de manière que l'Islam — le Monde Arable incluant le Mahométisme — et le Sionisme Politique — incluant l'état d'Israël, par conséquent, les États-Unis — se détruiraient l'un et l'autre pendant qu'au même moment, les Nations restantes, et divisées les unes contre les autres, mais sur l'issue de cette Guerre, seraient forcées de se battre entre elles jusqu'à un état complet d'épuisement physique, moral, spirituel et économique. [64]

Le 15 août 1871, Albert Pike confia à Mazzini qu'une fois que seraient terminées les trois (3) Guerres Mondiales, ceux qui aspirent à mettre sur pied une « Domination Mondiale Incontestée » provoqueront un des plus grands cataclysmes sociaux que le monde n'ait jamais connus. Pour renforcer ce qu'il avançait, il cita ses propres écrits — réf. à même le Catalogue des lettres conservées à la Bibliothèque du Musée de Londres en Angleterre — :

Nous allons lâcher, libérer les Nihilistes et les Athéistes et nous allons provoquer un formidable cataclysme social final qui, dans toutes ses horreurs, démontrera clairement aux Nations l'effet d'un athéisme absolu, origine de la barbarie et du désordre, ainsi que du tumulte le plus sanglant. Puis, partout, les citoyens obligés de se défendre contre les minorités mondiales de révolutionnaires, extermineront eux-mêmes ces destructeurs de civilisation. Par la suite, la multitude, désillusionnée avec la Chrétienté, et dont les esprits déistes, laissés sans direction à partir de ce moment-là, demeurant tout de même anxieuse d'un idéal sans pourtant savoir à qui exprimer son adoration, recevra alors la Vraie lumière à travers la manifestation universelle de la pure doctrine de Lucifer. Cette pure doctrine de Lucifer apportée à la vue de tous, est une manifestation qui résultera, finalement, du mouvement réactionnaire généralisé qui suivra la destruction du Christianisme et de l'Athéisme, les deux, conquis et exterminés en même temps. [65]

Ces enseignements furent très bien appliqués par les communistes :

« Il faut fusiller, fusiller et fusiller », hurle Staline
(Pravda, 11-XII-32). [66]

---

64 — « *Pawns in the Game* », p. XV.
65 — *Ibid.*, p. XVI.
66 — « *Le Corps Mystique de l'Antéchrist* », p. 83.

« Fusiller un, c'est terroriser cent », enseigne Djerzinsky, fondateur de la Tchéka. [67]

« Même les amis, même les camarades doivent être terrorisés », prétend Iejov, ex-chef des policiers russes. [68]

« Les communistes ne doivent pas renoncer à la terreur ; nous étions des terroristes au début de la révolution et même avant, et nous le resterons toujours », affirme Zinoviev
(discours de Haller, 1920). [69]

« Nos cœurs doivent être de fer trempé dans les souffrances et le sang des soldats de la liberté »
(Krasnaya Ganta du 31 août 1918). [70]

Quand Mazzini mourut en 1872, Pike fit d'un autre Chef révolutionnaire italien, Adriano Lemmi. le successeur de celui-ci. Plus tard, Lemmi sera suivi par Lénine et Trotsky. Les activités de tous ces hommes furent financées par des *« Banquiers Internationaux »* anglais, français, allemands et américains. [71]

Ajoutons ceci : En 1925, Son Éminence le Cardinal Caro Y Rodriguez, Archevêque de Santiago (Chili), publia un volume dont le titre est, *« Le Mystère de la Franc-Maçonnerie dévoilé ».* Dans celui-ci, Son Éminence démontre comment les Illuminatis, les Satanistes et les Lucifériens ont imposé une Société secrète sur une autre Société secrète. De plus, il y exhibe une grande somme de documents qui prouvent, d'une manière plus qu'évidente, que même les Maçons des 32e et 33e degrés ne savent pas ce qui se passe dans les Loges du Grand Orient, ainsi que dans celles du Rite Palladien Réformé et Nouveau de Pike, et dans celles des Loges affiliées d'Adoption à l'intérieur desquelles les femmes membres de la Conspiration sont initiées. En outre, il cite l'autorité de Margiotta pour prouver que Lemmi était un Sataniste féroce et convaincu bien avant que Pike le choisisse pour succéder à Mazzini. Ce fin

---

67 — *Ibid.*, p. 83.
68 — *Ibid.*, p. 83.
69 — *Ibid.*, p. 83.
70 — *Ibid.*, p. 83.
71 — *« Pawns in the Game »*, p. XVI.

uniquement après avoir été choisi qu'il fut initié dans la doctrine Luciférienne des Illuminatis. (72)

DEUXIÈME PARTIE

LE PLAN DES ILLUMINATIS
POUR LA DOMINATION DU MONDE PAR SATAN

LE PLAN AUX MILLE VISAGES : « *L'ENFER SUR TERRE* »

Le «*Protocole des Sages de Sion*», «*Le Projet*», «*Le Plan à Long Terme*», «*Le Complot*», «*La Conspiration*»; quel que soit le nom par lequel il peut être identifié, celui-ci est une seule et même trame mise sur pied par un petit Groupe d'hommes, immensément riches, extrêmement rusés et astucieux; possédant une extrême influence, et utilisant l'Or, les mensonges, les supercheries pour renverser, et pervertir l'espèce humaine. Ils — les Illuminatis — utilisent la promesse de la richesse, de la luxure, des plaisirs charnels pour séduire, et attirer les hommes loin de Dieu pour les subjuguer au pouvoir de Satan. [73]

Ici «*Les Sages de Sion*» se réfèrent aux Illuminatis [74]. Quant aux «*Protocoles*», ce terme se réfère aux Registres, aux Archives originales de la Conspiration par laquelle les Illuminatis ont l'intention d'utiliser les Internationalistes de tout genre, de toutes catégories afin de réaliser leurs ambitions secrètes de former une «*Dictature Mondiale*». [75]

L'on pourrait résumer à environ une dizaine de points différents ce qui compose la base des Illuminatis et de leur Plan :

---

73 — « *The Red Fog over America* », p. I.
74 — Ibid., p. 7.
75 — Ibid., p. VIII.

1. – Les Membres des Illuminatis sont tous des Internationalistes ;
2. – Les Illuminatis ne donnent allégeance à aucun Souverain, aucun Gouvernement, excepté à la Tête même de leur propre Secte ;
3. – Les Illuminatis n'adorent aucun autre Dieu que Mammon ;
4. – Les Illuminatis acceptent Satan comme étant, pour eux-mêmes, le *« Chaînon »* manquant entre eux et leur dieu, Mammon ;
5. – Les Illuminatis n'accordent de loyauté à aucune Nation, aucun Gouvernement ;
6. – Les Illuminatis ont un seul But ;
7. – Le *« But »* des Illuminatis est d'obtenir le contrôle, le pouvoir absolu sur toutes les richesses, les ressources naturelles, et la main-d'œuvre du monde entier ;
8. – Pour atteindre ce *« But »*, les Illuminatis travaillent sans cesse à diviser les populations ; à élever les hommes les uns contre les autres, en encourageant les oppositions, les différences entre les Groupes raciaux, les Nationalités, les Religions ;
9. – Ensuite, les Illuminatis portent ces Groupes à se battre entre eux, et à s'affaiblir dans le but de les assujettir tous plus facilement ;
10. – Puis, le jour où, selon eux — les Illuminatis le temps, leur Temps sera fatalement arrivé, alors ils n'hésiteront pas à imposer aux Hommes de la terre, une forme de *« Despotisme Satanique »* sous le couvercle *« d'un Gouvernement Mondial »* régit par un seul Chef : *« Le Suprême Dictateur »*. [76]

Quant au *« Plan »* des Illuminatis, quelques-uns des Articles qui le composent suffisent pour nous donner une idée assez exacte de leur philosophie de base :

1. – **ARTICLE I, PARAGRAPHE 2** : *« L'Anti-sémitisme est indispensable pour nous dans l'administration du plus petit de nos frères... »*

---

76 — *Ibid.*, p. 6.

2. – **Article XV, paragraphe 1** : « *Quand nous hériterons de notre Royaume à l'aide de Coups d'état préparés partout pour la même journée; une fois achevée la chute morale et physique de toutes les frimes existantes de Gouvernement : nous nous ferons le devoir que, contre nous, des choses telles que des Complots ne puissent plus exister. Pour cela, nous tuerons sans pitié qui que ce soit qui prendra les aunes en vue de s'opposer à l'établissement de notre Royaume. N'importe quelle sorte de nouvelle Institution, ou quoi que ce soit ressemblant à une Société secrète, sera aussi punie de mort; et les Sociétés qui existent en ce moment... et celles qui nous servent, ou nous ont servis,... nous devrons les envoyer en exil dans des Continents situés loin de l'Europe.* »
3. – **Article II, paragraphe 5** : « *A travers la Presse, nous avons acquis le Pouvoir d'influencer tout en demeurant dans l'ombre.* » [77]
4. – **Article I, paragraphe 12** : « *Notre Droit repose dans la Force. Le mot « Droit » est une idée abstraite qui ne prouve rien... Les Rois furent détrônés parce qu'ils régnaient d'après le Droit Divin, et par hérédité. Il fallait les remplacer par des Républiques et des Présidents.* » [78]
5. – **Article X, paragraphe 13** : « *De manière à ce que notre Plan puisse produire des résultats, nous devrons organiser en notre faveur, l'élections des Présidents qui ont déjà quelque faute à se reprocher dans leur passé... ainsi ils représenteront des Agents de valeur pour l'accomplissement de nos plans... et nous devrons investir le Président du Droit de déclarer* « l'état de guerre », « l'état des mesures de guerre ». *Nous justifierons ce dernier Droit sur la base que le Président, en tant que Chef des Armées du Pays, doit les avoir à sa disposition en cas de besoin pour la Défense de la Nouvelle Constitution Républicaine... Etc....* [79] *— Ceci ne ressemble-t-il pas à la manière dont le Pouvoir Politique est organisé aux États-Unis ?*

---

77 — *Ibid.*, p. 9.
78 — *Ibid.*, p. 11-12.
79 — *Ibid.*, p. 13.

6. – **Article I, paragraphe 15** : « *Notre Pouvoir... sera encore plus invincible que n'importe quel autre parce qu'il demeurera invisible jusqu'au moment où nous serons suffisamment forts pour qu'aucune ruse ne puisse jamais le dominer...* » [80]
7. – **Article IV, paragraphe 2** : « *Qui ou quoi est en position pour renverser une force invisible ? Et c'est précisément ce qu'est notre Force* ». [81]
8. – **Article V, paragraphe 11** : « *Il n'y a rien de plus dangereux (pour notre cause) que l'initiative personnelle : de telles initiatives peuvent nous faire plus de tort que pourraient nous en faire des millions de personnes parmi lesquelles nous aurions déjà semé la discorde* ». [82]

Tous ces Articles, même épars, confirment assez bien que les Illuminatis issus de la pensée de Weishaupt sont prêts à tout pour en arriver à :

1. – L'Abolition de tous les Gouvernements nationaux ;
2. – L'Abolition de tout héritage, de tout patrimoine ;
3. – L'Abolition de la propriété privée ;
4. – L'Abolition du patriotisme ;
5. – L'Abolition de la maison unifamiliale, et de la vie familiale en tant que cellule de laquelle provient toutes les civilisations ;
6. – L'Abolition de toutes les Religions établies et existantes, de sorte que l'idéologie Luciférienne du Totalitarisme puisse être imposée à toute l'humanité. [83]

Une fois accomplie la réalisation infernale d'un tel « *plan* », une fois atteinte la phase finale de la Conspiration, le Gouvernement se composera du Roi despote, de la Synagogue de Satan, et de quelques millionnaires, économistes, et scientistes qui auront prouvé leur dévotion à la cause : « *Luciférienne* ». Tous les autres devront être

---

80 — *Ibid.*, p. 15.
81 — *Ibid.*, p. 17.
82 — *Ibid.*, p. 19.
83 — « *Pawns in the Game* », pp. XVIII-XIX.

intégrés, par une insémination artificielle pratiquée à une échelle internationale, à une vaste conglomération d'une humanité métissée.

D'ailleurs, Bertrand Russel n'a-t-il pas déjà affirmé :

« En fin de compte, moins de 30% de la population femelle, et 5% de la population mâle sera utilisée à des buts de reproduction. La reproduction sera limitée strictement au type et au nombre requis pour combler les besoins de l'état ». [84]

LE COMPLOT CONTRE LES JUIFS :
« LES BOUCS ÉMISSAIRES DES ILLUMINATIS »

Le Protocole des Sages de Sion/ou *Zion*, « *Les Protocoles de Sion* », ne furent pas écrits par un ou des Juifs. Les origines de la rédaction de ce document remontent loin, semble-t-il, dans l'histoire humaine. Par contre, son contenu « *Satanique* », et l'usage que les Illuminatis en ont fait depuis 1785 environ, démontrent qu'il s'agit bien du « *Plan de Lucifer* ».

Parce que la politique des Directeurs des Illuminatis est de travailler dans l'ombre, et de ne jamais permettre à quiconque, si possible, de les identifier ou de prouver leurs relations avec les forces révolutionnaires, il fut décidé, en 1893, de transformer le document trouvé à Rastibon en 1785, de manière à ce que les soupçons soient portés plutôt sur les Chefs du Mouvement Révolutionnaire Juif en Russie que les Directeurs mêmes des Illuminatis. Ainsi, en 1900, les Illuminatis s'organisèrent donc pour transformer le Plan original de 1785 afin que celui-ci serve mieux leurs buts et objectifs. Après avoir terminé les transformations requises pour porter le monde à croire que les Juifs complotaient pour obtenir la domination du monde en accord, surtout, avec le contenu Politique faisant partie du « *Sionisme Politique* », les ILLUMINATIS s'arrangèrent pour que le « *Plan* » soit placé entre les mains de Sergyi Nilus, historien et écrivain russe des années 1900. Ce « *Plan* » qui faisait état d'un « *Complot* » organisé pour détruire, entre autres, toutes les formes de Nationalisme, ainsi que la Chrétienté, qui de plus, renfermait, comme but ultime, celui d'obtenir le contrôle absolu de toutes les richesses, les ressources naturelles et la main-d'oeuvre du monde afin de porter au pouvoir un « *Age Messianique* » ; ce « *Plan* », donc,

---
84 — *Ibid.*, p. XIX.

fut tout d'abord publié par le Professeur S. Nilus en 1905 sous le titre évocateur. « *Le Péril Juif* » (*The Jewish Perd*), puis, par la suite, sous le titre tendancieux « *Le Protocole des Sages de Sion* », écrit — supposément — par Victor E. Marsden, et publié à Londres en 1921 par la Britons Publishing Society.

D'ailleurs, en 1893, lors d'une réunion, les Directeurs des Illuminatis avaient décidé de se servir du Peuple Juif comme « *bouc émissaire* » de leur Plan. Ce fut pourquoi ils planifièrent, par financement secret, la Guerre Américano-Espagnole de 1898 dans le but de donner à des Juifs le contrôle de l'industrie du Sucre à Cuba ; celle des Boers de 1899, dans le but de donner à ces derniers le contrôle des Mines de Diamant et des champs aurifères africains ; celle de 1904 qui opposa la Russie au Japon, mais ici, dans le but d'affaiblir le gouvernement des Tzars et l'économie russe afin de pousser le peuple, en 1905, à se révolter — ce qui se produisit comme prévu, d'ailleurs. —

Ainsi, les Juifs étant blâmés comme étant les auteurs et les responsables premiers de la « *Conspiration Mondiale* », les Illuminatis acquirent donc la certitude que la vague d'antisémitisme créée en France et en Russie, laisserait aux Directeurs des Illuminatis, le champs libre, sans être suspectés, pour poursuivre avec les Plans prévus contenant les Révolutions et les Guerres prévues pour se produire au XXe siècle. [85]

L'ESPRIT SURNATUREL DU PLAN DES ILLUMINATIS

*P*LUSIEURS éléments nous permettent d'en arriver à la malheureuse conclusion que le Plan travaillé par Weishaupt, et terminé le « *1er mai 1776* », est plutôt d'esprit Surnaturel, même Satanique que simplement humain. Une dizaine de points furent retenus, entre autres, afin d'en mieux saisir la source réelle :

1. – Le Plan est parfait, et à date, il s'est déroulé dans une continuité que rien de naturel ou d'humain ne permet d'expliquer ;
2. – Les documents composant ce Plan représentent bien une Conspiration par laquelle Satan espère établir son royaume sur terre ;

---

85 — « *The Red Fog over America* », pp. 3-4.

3. — Si celui-ci réussit tel que prévu, les Chrétiens et les Juifs ; les noirs et les blancs, les Ariens et les Sémites, les Communistes et les Nazistes, les Socialistes et les Capitalistes devront tous tomber à genoux, et adorer la Majesté satanique ;
4. — Les hommes obtiendront filialement la *«Paix»* et la Sécurité, du berceau à la tombe, mais l'apprécieront-ils, et en profiteront-ils pleinement ?
5. — Le ou les auteurs du Plan disent clairement : *« Qu'ils utiliseront l'antisémitisme pour en arriver à leurs fins »* ;
6. — Les Directeurs de la Conspiration n'ont aucun favori en ce qui concerne les races et les nationalités ;
7. — Le ou les auteurs du Plan sacrifieront les Juifs et les Gentils de la même manière ;
8. — Les Directeurs des Illuminatis reconnaissent que, depuis 1773, « ILS SE SONT SERVIS DU DARWINISME, DU COMMUNISME, DU SIONISME » pour poursuivre leurs ambitions secrètes ;
9. — Ces mêmes Directeurs se vantent qu'ils agiront en coulisses, et qu'ils se serviront d'Agenturs, entraînés depuis leur naissance, afin d'agir en tant qu'Aviseurs et Spécialistes pour exécuter leurs Ordres ;
10. — Depuis quelque 200 ans, l'histoire a prouvé, plus d'une fois, que celui ou ceux qui ont rédigé le Plan, ont réussi à diviser l'espèce humaine en camps opposés tout en poursuivant, en secret, leur action. [86]

« Juger un arbre à ses fruits » ; reconnaître la source d'une œuvre d'après ses réalisations et ses effets ; arriver à comprendre un individu à partir de ses paroles, écrits et comportements ; ce ne sont là que quelques-uns des moyens possibles pour saisir le sens et les origines d'une Œuvre, quelle qu'elle soit. Si nous prenons ces mêmes références pour les appliquer dans le cas de ce *« Plan »*, alors il est possible de dégager ceci :

---

86 — *Ibid.*, p. 7.

1. – Le «*Plan*» encourage, promet même l'utilisation de la violence sous toutes ses formes, l'hypocrisie, le mensonge, la délation, le vol, la trahison et le meurtre pour arriver à ses fins ;
2. – Les créations du Plan, entre autres, la Révolution de 1789 en France, le Communisme et le Nazisme, pour ne nommer que celles-là, font ressortir, par leurs effets, l'application de tout ce qui fut identifié au «*Mal*» dans toutes les Religions de l'histoire humaine ;
3. – Le Plan reconnaît sa volonté de diviser les hommes entre eux pour les pousser à s'autodétruire ;
4. – Le Plan encourage l'action invisible, et non ouverte ; ce qui l'identifie, encore une fois, dans sa volonté à se référer au mensonge, à l'hypocrisie sous toutes ses formes, à la trahison, etc. comme mode de vécu ;
5. – Le Plan reconnaît, ce qui d'ailleurs fut réalisé dans sa créature qu'est le «*Communisme*», l'abolition de la démocratie — donc de la liberté de l'homme — l'abolition de l'héritage et du patrimoine — exemple, la Russie et la Chine, entre autres — l'abolition de la propriété privée, du patriotisme, de la Famille et de la Religion ;
6. – Le Plan encourage la force et la violence, l'usage de la terreur sous toutes ses formes pour s'imposer ;
7. – La version révisée du «*Plan*» par Weishaupt ! Weishaupt fut celui qui fonda les Illuminatis ; il reconnut son adoration à Satan, et l'utilisation du «*Culte à Satan*» pour en arriver à imposer de force, sur l'humanité, un «*Nouvel Ordre Mondial*» ; et l'usage de l'idéologie satanique, dans ses écrits et ses actions pour arriver à ses fins. Surtout, il clama la destruction obligatoire de la Chrétienté, de l'Église Catholique, de toutes les Religions pour permettre l'instauration d'un Gouvernement Mondial !

Etc. etc. etc.… A moins de nous répéter sans cesse, il devient plus qu'évident, ici, de la prépondérance du «*Surnaturel*» — ce qui ne relève pas de l'ordre naturel des choses ; qui est en dehors du domaine de l'expérience, et échappe, par conséquent, aux lois naturelles ; qui appartient au monde de la révélation et de l'extraordinaire — chez Weishaupt, et à travers le contenu du « *Plan* ».

Enfin, répétons, s'il le faut, cette phrase, « A qui est sincère, honnête, croire n'exige que peu, mais aux autres, aucune preuve, même les plus évidentes, ne sera jamais suffisantes ! » [87]

« *LE PLAN* »
LES 25 ÉTAPES DU PLAN : « *SÉDUCTIONS ET TRIBULATIONS* »

CE texte, comprenant 25 points différents, fut lu dans son entier en 1773 par MAYER ROTHSCHILD, alors âgé d'une trentaine d'années, à douze hommes parmi les plus riches et les plus influents de Francfort en Allemagne Son but était de convaincre ces hommes d'unir leurs ressources pour financer le Mouvement Révolutionnaire : « *Mundial World Revolutionary Movement* » afin de gagner le contrôle ultime des richesses, des ressources naturelles et de la main-d'oeuvre du monde.

La réunion eût lieu, semble-t-il, là où fut fondé *« La Maison Rothschild »*. [88]

1. – <u>GOUVERNER PAR LA FORCE</u> : ... parce que la majorité de tous les hommes est encline au mal plutôt qu'au bien, les meilleurs résultats en les gouvernants pourront être obtenus en utilisant la violence et le terrorisme, et non par des discussions académiques.

    ... au commencement, la société humaine a été sujette à des forces brutales et aveugles qui, par la suite, furent changées en Lois.

    ... les Lois sont uniquement la Force déguisée. Il est donc logique de conclure que *« Par des lois de la Nature le Droit repose dans la Force »*.

2. – <u>LA LIBERTÉ POLITIQUE</u> : ... la *« Liberté Politique »* est une idée et non un fait. Tout . qui est nécessaire pour usurper le pouvoir politique, c'est de prêcher le *« Libéralisme »*.

---

87 — Note de l'auteur.
88 — *« Pawns in the Game »*, p. 26.

De cette manière, les électeurs, pour sauver une Idée, abandonneront certains de leurs pouvoirs et de leurs prérogatives que les Conspirateurs pourraient rassembler en leurs mains.

3. – **Le pouvoir de l'or** : ... Le pouvoir de l'Or a usurpé le pouvoir des Souverains Libéraux depuis 1773... il y eut un temps où la FOI gouverna, mais lorsque la Liberté fut substituée à la Foi, les peuples ne surent pas l'utiliser avec modération. A cause de ce fait, il fut logique d'assumer qu'ils pourraient utiliser l'idée de Liberté pour en arriver à la « *Guerre des Classes* ».

Cela n'a aucune importance que le Gouvernement établi soit détruit par des ennemis intérieurs ou extérieurs, tout simplement parce que le vainqueur sera obligé de recourir à l'aide du « *Capital* » qui est entièrement entre nos mains.

4. – **La comédie politique** : ... ceux qui désirent gouverner doivent avoir recours à la ruse et au mensonge parce que les grandes qualités nationales, telle la franchise et l'Honnêteté, sont des vices en politique. [89]

5. – **La force est notre droit** : Notre « *Droit* » repose dans la « *Force* ». Le mot « *Droit* » est une pensée abstraite, et ne prouve rien. J'ai trouvé un nouveau « DROIT »... attaquer par le « Droit » du plus fort, et éparpiller aux quatre vents, toutes les forces Légales, toutes les forces de l'Ordre établi afin de reconstruire toutes les Institutions existantes, et devenir le Seigneur Souverain de tous ceux qui nous ont abandonné le « *Droit à leurs Pouvoirs* » ; « Droits » qu'ils avaient volontairement délaissé à cause de leur Foi dans le « *Libéralisme* ». [90]

En rapport avec cette date de 1773, il est important de noter, ici, qu'en 1770, un prêteur qui avait organisé la Maison Rothschild retint les services d'Adam Weishaupt — celui qui fonda l'Ordre des Illuminatis en 1776 et qui, après 1786, ordonna à ces derniers d'infiltrer les Loges de

---

89 — *Ibid.*, p. 27.
90 — *Ibid.*, pp. 27-28.

la Maçonnerie Bleue, et d'y former une société secrète à l'intérieur de sociétés secrètes — il retint donc ses services afin de réviser, et de moderniser les vieux « *Protocoles* » pour en produire « *Le Plan* » ultime des Illuminatis dans le but de prendre le contrôle du destin de l'humanité. [91]

6. – <u>Le pouvoir invisible</u> : Le Pouvoir de nos ressources doit rester invisible jusqu'au jour où aucune mue, ni aucune Force ne puisse nous le ravir ou le détruire.

7. – <u>L'usage du despotisme</u> : Uniquement un gouverneur despotique pourra gouverner la populace d'une manière efficace parce que, sans le despotisme absolu, il ne peut y avoir d'existence pour une civilisation qui était, non sous la conduite des masses, mais sous celle de leurs Guides... Le jour où les masses s'emparent/saisissent la Liberté dans leurs mains, cela tourne rapidement à l'anarchie.

8. – <u>L'usage de la corruption</u> : ...l'usage de la corruption morale et de toutes les formes de vice doit être systématiquement encouragé par nos Agenturs pour corrompre la jeunesse des Nations aujourd'hui, l'on pourrait y ajouter l'alcool, les drogues, la tolérance à outrance de la sexualité sous toutes ses formes, l'utilisation effrénée des méthodes contraceptives, l'abus de l'avortement, le rejet du mariage et la prolifération des divorces, etc. etc. etc.... ; ce qui nous permet de mieux saisir la source réelle de tous ces problèmes reliés à la société actuelle du XXe siècle.

   Des Agenturs spéciaux doivent être entraînés en tant que Tuteurs, laquais, gouvernantes, commis, et par nos femmes dans les lieux de perdition visités par les Goyims.

9. – <u>Abolition de la propriété</u> : ...nous avons le droit de saisir la propriété par n'importe quel moyen, et sans hésitation si en le faisant, cela nous assure de la soumission et de la souveraineté — au XXe siècle, les taux d'intérêts instables, les fluctuations des monnaies, les dettes nationales, la mauvaise gestion des fonds publics, l'inflation et le chômage provoqués, etc..., sont autant de moyens se cachant derrière une façade de légalité pour saisir des

---

91 — Note de l'auteur, en réf. aux n°. 26 et 43.

propriétés (comme cela est le cas dans le Mid-Ouest américain et dans l'Ouest canadien en 1994), au point qu'aujourd'hui, les Banques et les Trusts sont en train de devenir les plus grands propriétaires du territoire agricole dans l'histoire —.

10. – L'USAGE DES SLOGANS : Dans les temps anciens, nous fumes les premiers à mettre les mots *« Liberté, Égalité, Fraternité »* dans la bouche des masses... mots répétés jusqu'à ce jour par de stupides perroquets des mots dont les prétendus Hommes-sages appartenant aux Goyims ne pourraient pas comprendre le sens à cause de leur degré d'abstraction ; de même qu'ils ne pourraient pas, non plus, en noter, ni la contradiction, ni en comprendre et saisir leur inter-relation.

...il n'y a pas de place dans la nature pour l'Égalité, la Liberté et la Fraternité.

...Sur les ruines de l'aristocratie généalogique et naturelle des Goyims, nous avons érigé l'Aristocratie de l'Argent. La qualification pour décrire cette aristocratie, est Richesse, Abondance, qui dépendent de nous. [92]

11. – THÉORIES DE GUERRE : — Ce principe décrit en 1773 a été utilisé par les États-Unis et l'Angleterre en 1939 cela devrait être la politique de ceux qui fomentent les guerres, mais dirigent les *« Conférences de Paix »* : *« A savoir qu'aucun combattant ne puisse obtenir de gains territoriaux »*... les guerres devraient être conduites de manière à ce que les Nations engagées dans le combat soient enfoncées plus profondément dans leurs dettes, de même que dans le Pouvoir de nos Agenturs. [93]

12. – L'ASSERVISSEMENT DE L'ADMINISTRATION : ...nous devons utiliser notre richesse pour choisir des candidats dans les Affaires Publiques — les Fonctionnaires, de nos jours, leur ressemblent étrangement — qui seraient asservis, et obéissants à nos commandements de manière qu'ils pourraient être rapidement, promptement utilisés

---

92 — *« Pawns in the Game »*, p. 28.
93 — *Ibid.*, pp. 28-29.

comme «*Pions*» dans nos Partis, par les hommes ingénieux et capables que nous désignerons pour opérer derrière les scènes des Gouvernements en tant qu'Aviseurs Officiels.

... Les hommes que nous désignerons en tant qu'Aviseurs auront été entraînés depuis leur enfance dans le but d'être en accord avec nos idées pour gouverner les affaires du monde.

13. – <u>Contrôle de l'information publique</u> : ... notre richesse combinée pourrait contrôler toutes les issues de l'information publique pendant que nous pourrions rester dans l'ombre, et nullement blâmés, malgré les répercussions dues à des publications de mensonges, de calomnies ou de diffamation.

... Chaque victime dans nos rangs doit se payer par un millier du côté des Goyims.

14. – <u>Le mensonge des agenturs</u> : En exécutant les criminels et les lunatiques après qu'ils aient réalisé la préparation de notre «*Règne de Terreur*», nous pourrons alors nous montrer en tant que «Sauveurs» des opprimés, et champions des travailleurs... Nous sommes d'ailleurs intéressés uniquement dans ce qui est à l'opposé... dans la réduction du nombre, dans le massacre des Goyims.

15. – <u>Création des crises économiques</u> : ... la création du chômage et de la faim, imposée sur les niasses à cause du pouvoir que nous avons de créer des pénuries alimentaires ; cela créera le «*Droit pour le Capital*» de gouverner plus sûrement encore que ce ne l'était pour la vraie Aristocratie, ou par l'autorité légale des Rois... En ayant nos Agenturs pour contrôler les masses, ces mêmes masses pourraient par la suite être utilisées pour nous débarrasser de tous ceux qui osent se placer à travers notre route — en 1994, nous nous trouvons exactement dans cette funeste conjoncture : une augmentation fabriquée du chômage ; les restrictions des libertés vers une augmentation de la criminalité et des tensions sociales et inter-ethniques ; une instabilité politique provoquant, de son côté une instabilité économique ; la

légalisation, par les populations, de la contrebande sous toutes ses formes par la création de réseaux parallèles de distribution de biens de consommation ; une poussée des Gouvernements vers l'extrême-droite, le conservatisme à outrance et l'exagération du Nationalisme ; la croissance du « *Fascisme* » dans la création de « *Corps Policiers Communautaires* » versus le développement de Groupes de Travail Communautaires ; l'utilisation des prisonniers à des tâches publiques (construction de routes, de prisons, de camps) ; et la transformation des Démocraties en « *Dictatures Nationalistes* » ; etc. etc. etc.

16. – INFILTRATION DE LA FRANC-MAÇONNERIE CONTINENTALE : ... notre but serait de prendre avantage des facilités et du secret que la Franc-Maçonnerie nous offre... de cette manière, il nous serait possible d'organiser, à l'intérieur même de la Franc-Maçonnerie Bleue, nos propres Loges du Grand Orient, avec l'intention bien arrêtée de poursuivre nos activités subversives, mais tout en cachant la vraie nature de notre travail sous le couvert de la philanthropie — comme les Œuvres de bienfaisance et les soirées mondaines, par exemple. [94]

17. – L'USAGE DES PROMESSES : ... nos Agenturs devraient faire les promesses les plus somptueuses aux masses... en utilisant des mots aujourd'hui : « Slogans » — tels que Indépendance et Liberté ; les Goyims pourraient être excités sur une telle lancée de ferveur patriotique, que nous pourrions même les pousser à se battre contre les Lois de Dieu, et Naturelles... — D'ailleurs cette lancée dont on parle ici fut celle des Révolutions depuis 1789 pour cette raison, après avoir obtenu le contrôle, nous pourrons effacer du « *Lexique de la Vie* », le nom même de Dieu.

18. – PLAN DE GUÉRILLA URBAINE / GUERRE RÉVOLUTIONNAIRE : l'art des batailles de rue... un modèle pour le Règne de Terreur ; tout cela doit accompagner chaque effort révolutionnaire...parce que c'est la route la plus économique pour amener les populations à une rapide soumission.

---

94 — *Ibid.*, p. 29.

19. – **Utilisation de la diplomatie** : ... nos Agenturs, déguisés en Aviseurs Politiques, Financiers et Économiques, pourront faire appliquer nos mandats sans craindre d'exposer ceux qui composent «*La Force Secrète*»; ceux qui se cachent derrière les Affaires Nationales et Internationales... Par la Diplomatie secrète, nous devons atteindre un tel Pouvoir de contrôle que les Nations ne pourront même pas en venir à une entente secrète sans que nos Agents y soient déjà impliqués d'une manière ou d'une autre.

20. – **Banqueroute politique et gouvernement mondial** : ...pour atteindre ce but, il sera nécessaire d'établir d'immenses monopoles, réservoirs de telles fortunes colossales que même les plus grandes fortunes des Goyims, étant obligées de dépendre de nous pour s'agrandir, devront s'effondrer toutes en même temps avec le crédit de leurs Gouvernements LE JOUR SUIVANT LA GRANDE DÉCONFITURE, LA BANQUEROUTE POLITIQUE DU SIÈCLE.

21. – **L'utilisation des guerres économiques** : ...comment s'emparer des propriétés privées et des industries appartenant aux Goyims ? Par la combinaison de «*Taxes très élevées*» et de compétition déloyale, injuste, nous pourrons provoquer la ruine économique des Goyims en ce qui concerne leurs intérêts financiers nationaux aussi bien que leurs investissements. Sur le plan international, en augmentant les prix démesurément, les Goyims s'élimineront eux-mêmes des différents marchés. Cette élimination pourrait être complétée par un contrôle soigneux, précis des matières premières, par l'agitation organisée parmi les travailleurs, sur la base de réduction d'heures de travail et d'augmentation de salaire — politique qui fut généralisée à outrance dans les années 1960, et qui alla en augmentation avec l'intrusion de plus en plus poussée de la technologie — mais nous devons organiser nos affaires, et contrôler les conditions de manière que l'obtention, par les travailleurs, de salaires plus élevés, ne pourra en aucune manière leur profiter

— ce qui, en 1994, est le cas, car l'augmentation et la généralisation des problèmes économiques au sein des États pousse les classes moyennes à devoir commencer à utiliser leur Capital pour être à même de conserver leur niveau de vie antérieur à la crise actuelle, de même que cette crise pousse cette classe à se départir, de plus en plus, de propriétés secondaires et autres avantages. De plus, les politiques gouvernementales et bancaires passées ayant presque forcé la classe moyenne à investir dans des «*Fonds de retraite*» et/ou des «*Fonds boursiers*», ou même dans des «*Bons Gouvernementaux*» ont placé cette même classe dans une dépendance totale à tout perdre, du jour au lendemain à partir du moment d'un effondrement boursier global —.

22. – L'AUGMENTATION DU NOMBRE D'ARMEMENTS : ...l'augmentation des armements en vue de pousser les Goyims à se détruire entre eux, devrait être poussée jusqu'à un stade tellement colossal — la Russie et les États-Unis, par exemple — qu'en phase finale, il ne resterait plus dans le monde que les masses prolétariennes, et avec elles, quelques millionnaires dévoués à notre cause... mais suffisamment de policiers et de soldats vivants pour protéger nos propres intérêts. [95]

23. – COMPOSITION DU «*NOUVEL ORDRE MONDIAL*» : «*Les membres de l'Unique Gouvernement Mondial*» seraient nommés par le «*Dictateur*». Il prendrait ses hommes parmi les Scientistes, les Économistes, les Financiers, les Industriels, et parmi les millionnaires parce qu'en substance, tout se fera à partir de la question des (Personnalités) – en d'autres mots, ici, une «*Dictature Faciste Mondiale*» —. [96]

24. – LA CORRUPTION DE LA JEUNESSE : ...Nos Agenturs devraient s'infiltrer dans toutes les classes, à tous les niveaux de la Société et du Gouvernement, dans le but de duper, de corrompre les membres les plus jeunes de cette Société en leur enseignant des théories et des principes

---

95 — *Ibid.*, p. 30.
96 — *Ibid.*, pp. 30- 31.

que nous savons être faux — N'est-ce pas aujourd'hui le cas des systèmes d'éducation officiels partout en Occident ? —.

25. – **LOIS NATIONALES ET INTERNATIONALES** : ... Les lois nationales et internationales ne devraient pas être changées, mais plutôt être utilisées telles quelles dans le but de détruire la civilisation des Goyims, et cela simplement en retournant le sens de celles-ci de manière à les plonger dans des contradictions d'interprétation. Dans un premier temps, ce travail de falsification nous permettrait de masquer le « *Sens premier de la Loi* », puis, dans un deuxième temps cacher le sens premier de toutes les Lois. Notre but ultime étant, évidemment, de remplacer la Loi par l'Arbitrage. [97] Tout en respectant, autant que possible, le texte original dans la traduction de celui-ci, de l'anglais au français, nous avons tout de même pris la liberté pour ce qui a rapport aux Titres des 25 Points d'utiliser un langage contemporain pour mieux en identifier le contenu (par rapport à notre époque), étant conscients que des termes, tels que Guérilla, et des expressions, telles *Usage de Slogans* et *Guerres Économiques* ne faisaient pas partie du langage utilisé au XVIIIe siècle.

De plus, toutes les phrases et explications situées entre « — — » sont de l'auteur, et furent utilisées, encore là, pour mieux placer le contenu du Texte de 1773 en rapport avec ce qui se passe à notre époque. De cette manière, il devient possible de voir comment un texte vieux de quelque 220 ans a été suivi, d'une époque à l'autre, jusqu'à modeler le tissu même de notre vie en cette fin de XXe siècle.

Enfin, il ne faut pas oublier que ce Texte même datant de 1773 fut revisé par d'autres Illuminatis à d'autres époques. [98]

CONCLUSION : Vous pensez que les Goyims auront raison de nous par la force des armes, mais à l'Ouest, nous avons contre cette éventualité, une Organisation d'une terreur tellement effrayante que le cœur le plus robuste tremblerait, fléchirait... Le « *Clandestin* » le

---
97 — *Ibid.*, p. 31.
98 — Note de l'auteur.

Métropolitain et la Capitale Les « *Corridors Souterrains* » seront établis dans les Capitales et dans les villes de tous les pays bien avant que ce genre de danger puisse nous menacer. [99] — Métro et Bases secrètes souterraines —.

Autant qu'il soit possible de le vérifier, le « *Plan* » original de la Conspiration se terminait là où il est terminé, ci-dessus — 1ᵉʳ PARAGRAPHE CONCLUSION —. Je suis convaincu que les documents qui ont abouti dans les mains du Professeur S. Nilus en 1901, et qui furent publiés en Russie en 1905 sous le titre : « *Le Péril Juif* », sont une extension du « *Plan original* ». Il ne semble pas y avoir de changements au niveau de la 1ʳᵉ section, mais des additions diverses furent faites ; ce qui montre que les Conspirateurs ont utilisé le Darwinisme, le Marxisme, et même le Nietzchéisme. Plus important encore, des documents découverts en 1901 mettent à jour comment le Sionisme fut utilisé à son insu. Il ne faudrait tout de même pas oublier que le Sionisme n'a été organisé, en fait, qu'en 1897.

Le « *Péril Juif* » traduit par Victor Marsden, de son côté, fut publié par la Britons Publishing Society, à Londres, Angleterre, en 1921, sous le titre : « *Les Protocoles des Sages de Sion* ».

…Dans ce dernier cas, il fut ajouté une somme considérable de matériel dû probablement au développement rapide de la Conspiration Internationale… le seul point de mésentente existant entre les documents publiés par le Professeur Nilus et ceux publiés par Marsden provient uniquement des Titres qui sont différents. [100]

Une fois que l'Esprit de Révolte contre les Autorités aura été introduit dans les cœurs et les esprits des masses, l'effort révolutionnaire actuel sera réalisé sous un impétueux « *Règne de Terreur* » déjà préparé. Ce Règne de terreur serait conçu par les Chefs des Juifs Illuminatis. En retour, ceux-ci auraient leurs Agents infiltrés dans la très Nouvelle Franc-Maçonnerie Française venant de s'organiser, et établis à l'intérieur des Loges du Grand Orient Maçonnique ; celui-ci devant à son tour être utilisé en tant que milieu révolutionnaire souterrain et instrument pour la conversion à la doctrine Athéiste, Dialectique et Matérialiste Historique. [101]

---

99 — « *Pawns in the Game* », p. 31.
100 — *Ibid.*, p. 31.
101 — *Ibid.*, p. 32.

Amschel Mayer Rothschild termina son discours de 1773 en faisant ressortir que si des précautions appropriées étaient prises, personne ne pourrait jamais découvrir leur relation avec le Mouvement Révolutionnaire Mondial. [102]

Certaines questions, à juste titre, peuvent être posées ici, à savoir :

> « Comment être assuré qu'une Réunion secrète eût vraiment lieu en 1773 ? Si tel fut le cas, alors comment peut-on vérifier les Points élaborés lors de cette Réunion ? Les réponses à ces deux questions trouvent leurs réponses dans l'incident survenu en 1785.

> « En 1785, le Courrier voyageant de Frankfort à Paris, et transportant sur lui les détails des « *Plans* » destinés aux Mouvements Révolutionnaires en général, ainsi que des instructions concernant la Révolution Française déjà préparée... fut frappé par un éclair en traversant Rastibon, et mourut sur le champ. Les documents qu'il transportait tombèrent ainsi entre les mains de la Police qui les remit, ensuite, au Gouvernement Bavarois de l'époque. »

Les Instructions transportées par le Courrier, provenaient des Illuminatis Juifs d'Allemagne, et étaient adressées au Grand Maître des Maçons du Grand Orient de France. [103]

---

102 — *Ibid.*, p. 32.
103 — *Ibid.*, p. 32.

TROISIÈME PARTIE

Guerre contre DIEU.........
et
asservissement de l'homme ...

Albert Pike : « *L'instauration du satanisme mondial* » :

*A*lbert Pike, Grand Pontife de la Franc-Maçonnerie universelle, franc-maçon du 33ᵉ degré, Grand Prêtre de l'Église Satanique déclara, le 14 Juillet 1889 :

« Ce que nous devons dire à la foule est : nous adorons un dieu, mais c'est le dieu que l'on adore sans superstition...

« A vous Grands Inspecteurs Généraux Souverains, nous disons ceci pour que vous puissiez le répéter aux frères des 32ᵉ, 31ᵉ et 30ᵉ degrés :

« La Religion Maçonnique devrait être, par nous tout Initiés des Hauts Degrés, maintenue dans la pureté de la Doctrine Luciférienne »... Si Lucifer n'était pas dieu, est-ce qu'Adonai (Jésus... le Dieu des Chrétiens)... le calomnierait, c'est-à-dire, prendrait la peine de répandre des choses fausses et dangereuses sur son compte ? « Oui, Lucifer est dieu [104] »... —

Cette déclaration fut faite, à l'époque, aux 23 Conseils Suprême du monde. —

Cette déclaration, cette volonté d'Albert Pike suit en tout point l'essence satanique exprimée par Adam Weishaupt lors de

---

104 — *The Occult Théocracy*, Lady Edith Miller Queenborough ; 741p., Bowling Green Presse (2 vois.) ; pp. 220-221.

la fondation des Illuminatis, un siècle plus tôt, et à l'intérieur du « *Plan* ». De plus, les Illuminatis, infiltrent les Loges du Grand Orient et par la suite, prennent tout simplement le contrôle de toute la Franc-Maçonnerie Mondiale quelles que soient les apparences volontairement inoffensives de certaines Loges ; ceux-ci ont en même temps insufflé à ces Loges la base même de l'idéologie Satanique dont ils se faisaient les propagateurs premiers.

Encore une fois, nous sentons-nous obligés de le répéter :

> « La Guerre secrète menée par les Illuminatis, par la Franc-Maçonnerie Mondiale, par les Mouvements Révolutionnaires Mondiaux financés par les Illuminatis, par les Internationalistes et les Mondialistes purs, par ceux étant à même d'instaurer un Gouvernement Mondial, eh bien cette « *Guerre* » est avant tout une « *Guerre de Religion !* » »

Pour mieux s'en rendre compte une fois pour toutes, il suffit, entre autres, de se référer à ce Texte assez révélateur livré, semble-t-il, par un franc-maçon converti, et publié, à l'époque, par le journal français « *La Vérité* » ; texte qui, malgré ses origines, révèle clairement la volonté de base du « Mal » [105].

> « Je couvre le monde de ruines, je l'inonde de sang et de larmes, je déforme ce qui est beau, je souille ce qui est pur, je renverse ce qui est grand, je fais tout le mal que je puis faire et je voudrais pouvoir l'augmenter jusqu'à l'infini. Je suis tout haine, tout haine, rien que la haine. Si tu connaissais la profondeur, la largeur, et la hauteur de cette haine, tu aurais une intelligence plus vaste que toutes les intelligences qui ont été depuis le commencement, quand bien même ces intelligences seraient réunies en une seule. Et plus je hais, plus je souffre. Ma haine et ma souffrance sont immortelles comme moi. Car, moi, je ne puis pas ne pas haïr, pas plus que je ne puis ne pas toujours vivre. Mais veux-tu savoir ce qui accroît encore cette souffrance, ce qui multiplie cette haine, c'est que je sais que je suis vaincu et que je fais tant de mal inutilement...
>
> « Veux-tu comprendre combien je souffre et combien je hais ? Eh bien ! je suis capable de haine et de douleur dans la même mesure que j'étais capable d'amour et de bonheur. Moi, Lucifer, je suis devenu Satan, celui qui est toujours contraire. En ce

---

105 — Note de l'auteur.

moment, j'ai toute la terre dans ma pensée, tous les peuples, tous les gouvernements, toutes les lois. Eh bien ! je tiens les cordes de tout le mal qui se prépare...

« Moi aussi, j'ai mon Église. Dans mon Église, il y a la Compagnie de Satan, comme il y a chez vous, la Compagnie de Jésus. Sais-tu qui c'est ? Non ! Eh bien ! ce sont les Francs-Maçons [106]... »

« Voici, de son côté, comment Adam Weishaupt résume l'essence même de tout son système : pour rétablir l'homme dans ses droits primitifs d'égalité et de liberté, il faut commencer par détruire toute religion, toute société civile et finir par l'abolition de la propriété [107]. »

Sur ce constat de base des *« Origines Sataniques »* de la Franc-Maçonnerie, des Illuminatis, voyons maintenant comment s'est perpétué, et consolidé ce « Satanisme » et sa conséquence de base, la *« Guerre contre Dieu »*.

Guerre contre Dieu et guerre de religion

Qu'est-ce que le « Grand Architecte de l'Univers » pour les Francs-Maçons ?

D'après les écrits passés, ceux qui ont reçu une initiation supérieure savent qu'elle (la signification de la formule précitée) — le Grand Architecte, de l'Univers — n'a aucune valeur religieuse. Le G∴ A∴ de l'U∴, ce n'est pas Dieu, c'est la Maçonnerie [108].

Et la Religion, qu'est-elle pour les initiés ?

Le mot Religion ne veut pas dire autre chose en effet que le lien qui rattache l'homme à l'homme, et qui fait que chacun, égal à celui qu'il rencontre en face, salue sa propre dignité dans la dignité d'autrui, et fonde le droit sur le respect réciproque de la liberté [109].

Voici un autre texte révélateur provenant, celui-ci, de la correspondance des membres de la Haute-Vente (nom que s'étaient donné les grandes Loges maçonniques d'Italie, au commencement du XIXe siècle) :

---

106 — *« Le Corps Mystique de l'Antéchrist »*, pp. 123-125.
107 — *Ibid.*, p. 131.
108 — *Ibid.*, p. 133.
109 — *Ibid.*, p. 134.

> « Notre but final est celui de Voltaire et de la Révolution française : l'anéantissement atout jamais du catholicisme et même de l'idée chrétienne qui, restée debout sur les ruines de Rome, en serait la perpétration plus tard [110]. »

Et comment doit s'exprimer cette « *Guerre* » contre la Religion ?

Déchristianiser la France — nous parlerons du Québec, plus loin, 2ᵉ pays Francophone sur la planète — (comme tous les pays atteints de cette lèpre) par tous les moyens, mais surtout en étranglant le catholicisme peu à peu, chaque année, par des lois nouvelles contre le clergé... arriver enfin à la fermeture des églises [111].

L'un des meilleurs exemples de ce combat contre Dieu et la Religion fut reproduit dans le volume *Satan & Cie*, par Paul Rosen, ex-maçon et Très Illustre Souverain Grand Inspecteur du 33ᵉ degré, pages 335-337 — et se retrouve — au Rituel Officiel du 33ᵉ et dernier degré du Rite Écossais Ancien Accepté, rite qui a la réputation d'être le plus anodin de tous :

> « ... Il (l'homme) est tombé sous les coups de trois assassins, de trois infâmes qui ont soulevé des obstacles formidables contre son bonheur et contre ses droits et ont fini par l'annihiler... Ces trois assassins infâmes sont la Loi, la Propriété, la Religion... De ces trois ennemis infâmes, c'est la religion qui doit être le souci constant de nos attaques meurtrières, parce qu'un peuple n'a jamais survécu à sa religion et que c'est en tuant la religion, que nous aurons à notre merci... La Loi et la Propriété et que nous pourrons régénérer la société en établissant sur le cadavre des assassins de l'homme, la religion Maçonnique, la loi Maçonnique et la Propriété Maçonnique [112]. »

En 1850 un texte rendu public par un évêque de l'époque exprime clairement les formes premières par lesquelles ce combat devra s'exécuter :

> « Tenez le prêtre dans la servitude, et quand il s'avisera de trouver ses chaînes trop pesantes, dites que c'est de la liberté.

---

110 — *Ibid.*, pp. 134-135.
111 — *Ibid.*, pp. 135-136.
112 — *Ibid.*, p. 137.

« Donnez la liberté de conscience aux hérétiques, aux juifs aux athées ; mais prenez garde que ni le prêtre ni le catholicisme n'en jouissent.

« Entravez, autant qu'il vous sera possible, le ministère du prêtre, séparez-le du peuple dont il est l'ami, le défenseur et le soutien. Ne permettez pas que les œuvres de bienfaisance qu'il a fondées passent par ses mains et le rapprochent du pauvre dont il est le confident et le consolateur.

« Ôtez-lui tout ce qui pourrait accroître la considération que le peuple a pour lui, chassez-le des conseils des assemblées délibérantes, des administrations, de partout, afin qu'il tombe dans la condition du paria. — *Ici, nous retrouvons ce que furent les étapes de base de la* « Révolution Culturelle-Tranquille » *des années 1960 au Québec ; de même que toute la base de la propagande, même si celle-ci est justifiée, au sujet des crimes sexuels commis par des prêtres et des religieux.* —

« Mettez en tutelle tout ce qui lui appartient ; qu'il soit s'il est possible, étranger dans le presbytère, au cimetière et jusque dans son église.

« Écartelez de l'enfance, chassez-le des écoles populaires.

« Sécularisez l'enseignement supérieur de manière à l'interdire au prêtre.

« Dans la crainte qu'il ne parle trop souvent à la raison du peuple, diminuez le nombre des fêtes, employez le dimanche à des exercices, des banquets, des réjouissances, des occupations qui éloignent le peuple de la morale évangélique ; dites-lui surtout que le travail sanctifie le dimanche mieux que la messe et la prière. — *N'est-ce pas, au moins quelque 134 ans plus tard, l'état actuel de nos sociétés occidentales ?* —

« Établissez des fêtes nationales, païennes ou de quelque nature qu'elles soient, pourvu qu'elles fassent oublier les fêtes chrétiennes.

« Pour affaiblir le prêtre, efforcez-vous de le séparer des siens, soulevez le simple prêtre contre son Évêque ; séparez l'Évêque du Souverain Pontife. Brisez le lien de la hiérarchie et l'Église croulera.

« ... Au lieu des envoyés de Jésus-Christ et de son Église, ayez des maîtres de religion et qu'ils enseignent la vôtre. — *Ceci n'a-t-il pas été appliqué à la lettre dans la transformation du système d'éducation, au Québec, à partir des années 1960 ?* —

« Faites fermer les cloîtres, chassez les religieux... et quand ils seront réduits à la misère... écartés des œuvres de bienfaisance, — *au Québec, tous ces Services sont maintenant entre les mains du Ministère des Affaires Sociales* — chassés des écoles, déconsidérés par nos publicistes, vous crierez plus fort que jamais contre leurs usurpations. [113] »

Les conséquences de ce combat sont nombreuses. Entre autres, les plus représentatives peuvent se résumer ainsi :

Didérot, un illustre franc-maçon, ne dira-t-il pas :

« Le mensonge est si peu essentiellement condamnable en lui-même et par sa nature qu'il deviendrait une vertu s'il pouvait être utile [114] ? »

Le Grand Orient de France, par Jean Bidegain, dira au sujet du malfaiteur :

« Il ment comme il respire, sans le moindre effort, et c'est là un des fruits de l'éducation maçonnique. [115] »

Car ces conséquences mènent à l'avant-dernière des luttes pour la Franc-Maçonnerie avant sa prise du Pouvoir Mondial et cette lutte, c'est celle contre la Famille.

« La famille, c'est l'obstacle, elle est à détruire, si l'on veut arriver à donner à tous une éducation égale et révolutionnaire ; puisque nous abolissons l'hérédité, l'enfant n'est plus l'héritage du père et de la mère, il appartient à l'État [116].

« Que l'instruction laïque, obligatoire, donnée par l'État soit seule autorisée et que les parents qui voudraient instruire les enfants à domicile ne puissent le faire qu'avec le concours d'instituteurs ou d'institutrices approuvés et présentés par l'État [117].

---

113 — *Ibid.*, pp. 140-142.
114 — *Ibid.*, p. 154.
115 — *Ibid.*, p. 154.
116 — *Ibid.*, p. 157.
117 — *Ibid.*, p. 158.

Et ici, nous passons volontairement par-dessus toutes les autres conséquences directes que sont, entre autres, celles énumérées plus tôt dans ce volume, et se rapportant au décrochage scolaire, aux drogues, à l'avortement, aux divorces, à toutes les formes de violence, enfin, auxquelles sont confrontées les Sociétés occidentales actuelles.

Mais la conséquence la plus représentative des enseignements maçonniques, c'est la naissance, la création serait-il plus juste de dire, du « *Communisme* » sur lequel je reviendrai plus loin.

La Franc-Maçonnerie, pour vouloir à ce point effacer toute trace de religion, ne mène-t-elle pas ce combat précisément dans le but premier d'établir, à l'échelle mondiale, sous l'égide d'Un Gouvernement Mondial par le biais des Nations-Unies, sa propre Religion mondiale ?

INSTAURATION DE LA RELIGION MAÇONNIQUE MONDIALE

Dans *Le Livre du Maître* d'Oswald Wirth, nous lisons à la page 22 :

« Reste à savoir si la F.-M. est oui ou non une religion. Cesserait-elle d'en être une parce que les autels de ses Temples sont consacrés au culte de la Liberté, de la Fraternité, de l'Égalité' ? Ayons eu courage de nous dire religieux et de nous affirmer apôtres d'une religion plus sainte que toutes les autres... Purifier l'apprenti de toute mentalité chrétienne s'il en a une [118]... »

« La Maçonnerie est une religion. Elle prétend sauver l'homme et le perfectionner. Quelle est la religion de la Maçonnerie ? C'est le pur déisme. Convaincre l'initié que la Maçonnerie possède seule la vraie religion : le gnosticisme — *le « G » faisant partie du symbole de la F.-M. représente, justement, le point central de toute sa religion basée sur le* « Gnosticisme [119]. » —

« Notre religion, disait en 1881 le E. Bélat devant le Grand Orient de France, est la religion naturelle unique, universelle, immuable : c'est la franc-maçonnerie ». [120]

---

118 — *Ibid.*, p. 138.
119 — *Ibid.*, pp. 142-143.
120 — *Ibid.*, 144.

Et Oswald Wirth de résumer l'origine et le sens même de la Religion Maçonnique en ces tenues :

> « Le serpent inspirateur de désobéissance, d'insubordination et de révolte fut maudit par les anciens théocrates alors qu'il était en honneur parmi les initiés [121]. »

Enfin, Albert Pike sera celui qui le mieux définira la Religion Maçonnique :

> « La Bible, avec toutes les allégories qu'elle contient — *n'a-t-on pas déjà entendu plus d'une fois ce langage, au Québec, dans les milieux scolaires ?* — n'exprime que d'une manière incomplète et voilée la science religieuse des Hébreux... la vraie philosophie secrète et traditionnelle ne fut écrite que plus tard... ainsi naquit une seconde Bible inconnue des chrétiens, ou plutôt incomprise par eux. Toutes les vraies religions dogmatiques sont issues de la Kabbale et y retournent. Toutes les associations maçonniques lui doivent leurs secrets et leurs symboles [122]... »

Ceci ne ressemble-t-il pas, en tout point, au Congrès Mondial des Religions ?

LE VISAGE CACHÉ
DE TOUTES LES LOGES MAÇONNIQUES DU MONDE

*S*UIVANT les instructions données par le Président et l'Orateur du 33ᵉ degré au récipiendaire, l'ensemble de la doctrine maçonnique se résumerait ainsi (Interprétation Officielle Philosophique) :

A — La Franc-Maçonnerie enseigne la Suprématie :

1. – Du doute philosophique ;
2. – Des facultés physiques et morales ;
3. – De la Raison humaine ;

B — Elle revendique comme Droits :

4. – La Liberté de conscience ;
5. – La Fraternité politique ;
6. – L'Égalité sociale ;
7. – La Législation populaire,
8. – L'Association politique ;

---

121 — *Ibid.*, 145.
122 — *Ibid.*, pp. 164-165.

C — Elle emploie comme Moyens :
9. – La direction des Élections populaires :
10. – L'établissement des « *Rapports Internationaux Maçonniques* » ;
11. – La démarcation des « *Autonomies Individuelles* » et générales ;

D — Elle enseigne la Suprématie :
12. – De la richesse maçonnique ;
13. – De l'instruction maçonnique ;
14. – De la libre pensée maçonnique ;

E — Elle revendique comme Droits :
15. – La Liberté personnelle ;
16. – La Liberté cosmopolite ;
17. – La Liberté des réunions populaires ;
18. – La Liberté de la parole parlée et écrite ;
19. – La Liberté de la morale ;

F -Elle emploie tous les Moyens pour :
20. – Maintenir le Droit à la Liberté ;
21. – Réprimer la fausse liberté ;
22. – Réhabiliter le prolétariat ;

G — Elle Enseigne la Suprématie de L'Ordre Maçonnique :
23. – Sur toute autorité constituée ;
24. – Sur tout pouvoir irresponsable ;
25. – Sur tout despotisme ;

H — Elle réclame comme Droits :
26. – L'Égalité Maçonnique contre tout privilège ;
27. – La Justice Maçonnique ;
28. – La Religion Naturelle et la Morale Universelle ;
29. – La Loi du Progrès primant toute moralité et philosophie ;
30. – Le Combat obligatoire pour la Liberté Politique et Religieuse ;

E — Elle emploie comme Moyens :
31. – Le Développement de la puissance exécutive de l'Ordre Maçonnique ;

32. – Le Développement de la puissance collective de l'Ordre Maçonnique ;
33. – La Consolidation de la Puissance Suprême de l'Ordre Maçonnique [123].

En ce qui a trait, maintenant, à son Interprétation Officielle, Politique et Religieuse :

A — La Franc-Maçonnerie enseigne que l'Homme est :
1. – Assassiné socialement, politiquement et religieusement ;
2. – Affranchi par les Vertus cardinales Maçonniques ;
3. – Ressuscité par les forces maçonniques ;

B — Elle prescrit comme Devoirs :
4. – L'instruction Morale progressive Maçonnique ;
5. – La Pacification Maçonnique de la Conscience ;
6. – La Paix, la concorde et l'Harmonie Maçonniques ;
7. – La Justice et la clémence Maçonnique ;
8. – La sympathie et le secours mutuel maçonnique ;

C — Elle emploie comme Moyens :
9. – L'Extirpation complète de l'intolérance du fanatisme ;
10. – L'Extirpation complète du despotisme et de la tyrannie ;
11. – L'Extirpation complète de l'ignorance du peuple ;

D — Elle enseigne que le Peuple
12. – Est instruit par les Études philosophiques et spirituelles de l'Ordre ;
13. – Est instruit par la Connaissance du Maître qui est la Cause Première ;
14. – Est instruit par la Liberté, la Fraternité, l'Intelligence et la Vertu Maçonniques ;

E — Elle le déclare la Guerre :
15. – A l'apathie par la vigilance et la persévérance ;
16. – A l'insouciance par le travail armé, la truelle et l'épée ;
17. – A la philosophie de l'Occident par la philosophie maçonnique ;
18. – A la « *Religion de l'Occident* » par la charité maçonnique ;

---

123 — *The Occult Théocracy*, pp. 442-443.

19. – A la précipitation par la patience et la résignation ;

F — Elle préconise comme Moyens :

20. – L'Instruction, l'obéissance et de Dévouement du Peuple ;
21. – La Judicature libre et indépendante ;
22. – La Dignité et l'honneur rendus au travail ;

G — Elle enseigne que le Gouvernement doit :

23. – ?
24. – ?
25. – Combattre la criminalité et la stupidité de l'intolérance ;

H — Elle reconnaît :

26. – La Liberté de l'Homme de faire le Mal, ou de poursuivre le Bien ;
27. – ?
28. – ?
29. – La Création comme révélation de la Cause Première ;
30. – Le Devoir de la Cause Première de détruire l'erreur par tous les moyens, quels qu'ils soient ;

I — Elle désire :

31. – La Victoire de la Maçonnerie par la Pureté de son Dogme ;
32. – La Victoire de la Maçonnerie par la Coopération harmonieuse de tous les ateliers maçonniques ;
33. – ?[124]

J'ai laissé de côté les interprétations judaïques et lucifériennes des 33 degrés à cause du manque d'espace, et parce que les interprétations philosophiques, politiques et religieuses de ces degrés se retrouvent beaucoup plus facilement dans la réalité du monde de l'éducation, du monde du travail et de la Société Québécoise des 34 dernières années.

Un exemple frappant du « *Travail Maçonnique* » pour le sabotage d'une Société Chrétienne sous le couvert de la Libération de celle-ci de ses chaînes du passé, est bien celui de la Société Québécoise. Un Document découvert en 1961, soit tout au début de ce qui fut appelé plus tard : « *La Révolution Tranquille* », et reproduit dans le

---

124 — *Ibid.*, pp. 444-445.

Journal « *Le Droit* » d'Ottawa du 19 août 1961, demeure un exemple plus qu'évident de cette malheureuse situation.

Le Québec, au contraire de beaucoup d'autres pays qui furent « *Colonisés* » à une certaine époque, est plutôt un prolongement de la France ; une 2ème Terre Française telle que son nom l'indiquait au début, une « *Nouvelle France* ». Ainsi, sa population, de descendance royaliste, et fortement Catholique avant 1960, était un bastion inviolé que le Grand Orient de France se devait d'acquérir avant la mise sur pied du Nouvel Ordre Mondial. D'autant, pour ceux croyant aux « *Prophéties de l'Église* » et aux autres, que cette Terre Française pouvait justement être celle portant en son sein, le « *Saint Pape* » et le « *Grand Monarque* ». [125]

Plan de laïcisation :
« Pour l'établissement d'une société maçonnique »

*P*RENANT appui sur l'insatisfaction d'un Peuple face à son passé (Le Québec des années 1960 face à l'époque de Duplessis des années 1950) ; le Grand Orient de France fit en sorte de faire pénétrer au Québec, par les nouveaux intellectuels, environ 1.000 mots nouveaux par année. Ces mots apportaient au vocabulaire déjà existant, une dimension assez inconnue jusqu'alors, soit celle de la « *Contestation de l'Ordre Établi* » Ce nouveau langage, accentué conjointement avec l'action de Francs-Maçons déjà infiltrés partout, mais surtout dans les sphères de l'Éducation contrôlée jusqu'à cette époque par l'Église eût comme résultat dans un premier temps, mais recherché, de mettre à l'écart les prêtres, les religieux et les religieuses de tous les milieux de l'éducation, de la politique, des sphères sociales, telles celles des milieux hospitaliers, des affaires de la famille, et surtout, de tous les Organismes de la Jeunesse et des Milieux Syndicaux de la Société Québécoise.

Dans un deuxième temps, libéraliser l'Éducation de manière à ce que les couches populaires, exploitées et rejetées pendant des siècles, puissent y avoir librement accès. Ce furent ces mêmes couches qui s'emparèrent, les premières, de ce langage nouveau, et le poussèrent à son paroxysme dans la contestation politique et sociale. C'est d'ailleurs ces couches populaires qui, par la suite, à

---

125 — Note de l'auteur.

même les nouveaux diplômes, prirent lentement, mais sûrement, le contrôle de toutes les sphères de la Société, tant du Politique que du Culturel; ce qui donna naissance, d'un côté, à un nouveau produit Culturel, et à de nouvelles formations Politiques, mais chacune portant profondément en son sein, une violente réaction contre l'Histoire passée ce qui avait composé le Québec jusqu'alors et contre le Religieux, ce qui avait fait la force morale de tout un peuple pendant des siècles.

Ce sont d'ailleurs ces mêmes Intellectuels des années 1960, ayant aujourd'hui, en 1994, des postes de contrôle dans l'Éducation, la Presse parlée et écrite, les Arts, le Politique et le Social en général qui eurent, par voie de conséquence directe, la formation et l'orientation de la Jeunesse et de la Population québécoise; donc, une formation axée sur le rejet du Religieux et de l'Histoire.

Dans le même temps, sous couvert d'une autre libération, fut offert aux Communautés religieuses de se débarrasser de tout héritage passé, les coupant ainsi définitivement avec leurs racines ancestrales. Coupées ainsi du passé, et coupées de la Société, mais vieillissantes dans ses Membres, l'Église du Québec, jadis l'une des plus prospères, est d'ores et déjà condamnée à disparaître. Pour une des rares fois, la Franc-Maçonnerie réussissait à déchristianiser complètement un État sans avoir eu, dans ce cas-ci, à utiliser les moyens que leur avaient procurés toutes les Révolutions du passé.

En 1994, le Québec, sans s'en rendre compte, fait face à deux dangers:

> « Le premier est celui de tenter d'accéder à sa libération et à son autonomie, mais sans appuis aucun sur son passé. Comment construire une Société, mais sans Histoire ? Le deuxième, souterrain celui-là, c'est de servir de terrain d'expérimentation à la technologie du Nouvel Ordre Mondial, mais sans personne pour réagir [126]. »

LE PLAN DE 1961: Voici ce que rapporta le Père Rodrigue Côté, O.M.I., dans « *Carrefour Chrétien* » de juin juillet 1982:

> La première fois que j'ai lu le texte de ce document, j'ai cru qu'il s'agissait d'un faux, c'est-à-dire que ce n'était pas

---

126 — Note de l'auteur.

un programme datant de 1961 que j'avais entre les mains, mais bien une description réaliste des événements survenus depuis cette date dans le domaine scolaire de notre Province de Québec. Intrigué, j'ai fait le voyage à Ottawa afin de vérifier par moi-même sur place de l'authenticité du document. Ce que j'ai trouvé dans les Archives du Journal « *Le Droit* » du 19 août 1961 est reproduit ici exactement comme vous pouvez le lire :

1. – Organiser des assemblées sous le nom de **Mouvement Laïc de Langue Française** ; présenter des forums et des conférences à la radio et à la télévision en faveur de **l'École Neutre**. Tâcher d'y entraîner des « *bons chrétiens* ».

2. – Répandre dans notre Province des revues impies et anticlérical de France et de Belgique, soit « *Le Réveil Nationaliste* », « *La Raison* », « *Les Écrits Libres* », et les ouvrages des Editions Fishbacher (distribution Hachette), etc.

3. – Publier des articles anticléricaux et libres-penseurs dans « *La Presse* », dans « *Le Devoir* », dans les revues « *Cité Libre* » et « *Liberté* ». Dans ces journaux et revues, publier des caricatures et des articles qui ridiculisent le clergé, les communautés religieuses et les gens de droite. On y fera traiter les adversaires, les défenseurs de l"Église et des principes chrétiens, de chasseurs de sorcières, d'inventeurs de mythes, de fascistes, afin de les discréditer devant le public.

4. – Propager dans le milieu Universitaire, le journal communiste « *Le Combat* », déjà introduit à l'Université de Montréal. Placer à la rédaction des journaux étudiants (universitaires) des esprits forts et révolutionnaires, afin de soulever les étudiants contre les Autorités et le Clergé.

5. – Faire inviter dans nos Universités et Collèges Classiques des conférenciers gauchistes. Introduire dans nos Universités catholiques, des professeurs libres-penseurs, anticléricaux et même athées (recommander à ceux-ci, la prudence dans leurs attaques contre la Religion). Ne pas oublier que c'est par les Collèges et les Universités que la France a été en grande partie déchristianisée, et que Cuba vient de passer au communisme.

6. – Activer la propagande en faveur de la séparation de l'Église et de l'État, dans le sens athée, afin que l'État devienne le seul maître en Éducation. On arrivera progressivement à abolir le Conseil de l'instruction Publique (pour se débarrasser du contrôle des Évêques) qui sera remplacé par un **Ministère de l'Éducation Neutre, c'est-à-dire, antireligieux.** Le but secret est **d'arriver à l'Apostasie officielle de l'État surtout en Éducation.**

7. – Faire pression sur le Gouvernement Provincial pour faire passer des «**Lois Laïques**» (**Athées**) comme en France. Dans ce pays, les franc-maçons ont réussi à en faire des lois intangibles placées à la base de la Constitution Républicaine.

8. – Les prêtres et les religieux seront renvoyés progressivement des Institutions d'Enseignement secondaire, et ils seront remplacés par des professeurs laïcs, même pour la Direction de ces Institutions. Dans les écoles primaires, Communautés Religieuses de Frères et de Sœurs perdront peu à peu leur monopole ; elles seront remplacées par des professeurs laïcs Séminaires, Collèges et Couvents seront nationalisés, comme cri France.

9. – Au début, on tolérera un certain enseignement religieux dans les Institutions scolaires, aux heures les moins favorables ; on acceptera aussi la visite d'un prêtre aumônier, pour sauver les apparences. Mais dans quelque temps, on viendra à se débarrasser de toute influence religieuse, comme des crucifix, des statues, des images et de tout ce qui entretient le climat Chrétien dans nos écoles, afin de former une jeunesse libre de tout préjugé sectaire.

10. – Obtenir du Ministère de l'Éducation que les écoles de l'État Neutre soient sur le même pied que les écoles catholiques. Dans quelque temps, il faut arriver à l'idéal : **que toutes les écoles publiques soient neutres, subventionnées et contrôlées par l'État sans-Dieu,** tandis que les écoles privées catholiques ne seront plus qu'un ghetto, comme dans les autres provinces du

pays, où les catholiques doivent payer double taxe pour maintenir des écoles selon leur Foi.

11. – Obtenir des Chefs politiques qu'ils luttent contre les criminels qui dénoncent l'anticléricalisme : excellente manœuvre hypocrite, qui laissera le champs libre à nos amis libres-penseurs pour poursuivre notre *«Pl. de Laïcisation»*.

Nos amis de France ont tancé le mot d'ordre :

«Tout faire pour empêcher la France de redevenir la Fille Aînée de l'Église, parole d'un ancien Ministre au Congrès de la S.F.I. à Issy, en juillet 1950. Dans notre Province, prenons le mot d'ordre : Tout faire pour détacher la Nouvelle-France de l'Église [127].

Voici maintenant un Texte écrit dans les années 1940 représentant un genre de synthèse des différents points par lesquels procèdent la Franc-Maçonnerie Internationale ainsi que le Communisme pour mettre à genoux les Nations de l'occident Chrétien. Il est frappant de voir comment, en 1960, soit donc une vingtaine d'années suivant la rédaction des Articles composant le Texte en question, fut appliquée, d'une manière systématique, une telle politique de la mort sur tout un peuple, mais en donnant à ce dernier, l'impression :

«qu'il était à se libérer des chaînes de son passé» !

Article 1er   L'éducation laïque et athée : c'est la loi la plus impérative.

Article 2   Le mariage civil et le divorce : la famille morte, c'est l'agonie de la société chrétienne.

Article 3   La restriction criminelle de la natalité : c'est la mesure de la moralité populaire.

Article 4   La suppression de la responsabilité personnelle ; nous aurons alors les sociétés anonymes dont on se plaît dire qu'elles n'ont pas d'âme.

Article 5   L'extinction de la foi vive des peuples par un tallage habile de tous les sophismes.

---

127 — Rodrigue Côté, O.M.I., «*Carrefour Chrétien*», Juin-juillet 1982.

Article 6   La fabrication de toutes pièces d'un Dieu-État omnipotent qu'il faut tout de même entourer d'une autorité factice, jusqu'au moment où le diable soulèvera de nouveau les masses du peuple contre cette autorité.

Article 7   L'immoralité sous toutes ses formes et à tous les degrés : un gros mal de cœur a des chances de porter à la tête [128].

Parallèle « *COMMUNISTE* » :
JOYAU DE LA FRANC-MAÇONNERIE MONDIALE

*V*OICI un extrait en 12 Points d'un Programme comprenant au départ 45 Points, et publié par le Bureau des Archives du Congrès des États-Unis (Sénat), le 10 Janvier 1963. Ce Document fut publié, à l'époque, dans le but d'informer les populations sur les visées communistes en Amérique et dans le monde libre. Ces Points sont le résultat d'une analyse faite par M. Skousen, Directeur des Opérations du Conseil de Sécurité Américain. [129]

1. – Prendre le contrôle des écoles. Les utiliser comme courroie de transmission pour répandre le socialisme et la propagande communiste du jour. Assouplir le programme scolaire. Prendre le contrôle des Associations de Professeurs. Introduire dans les Manuels, le programme du Parti.
2. – Obtenir la haute main sur tous les journaux étudiants.
3. – Utiliser les émeutes étudiantes pour fomenter des protestations publiques contre des Programmes ou des Organismes que les communistes attaquent.
4. – Faire disparaître toutes les Lois qui refrènent l'obscénité, en les appelant *« Censure »*, *« Violation de la Liberté de Parole et de Presse »*.
5. – Accaparer les positions-clés dans la Radio, la Télévision et le Cinéma.
6. – S'infiltrer dans la Presse. S'y faire assigner toutes les positions de Critique Littéraire, de Rédacteur d'Éditoriaux, et de *« Choix des lignes de conduite »*.

---

128 — *« Le Corps Mystique de l'Antéchrist »*, p. 22
129 — Note de l'auteur.

7. – Continuer à discréditer la Culture Américaine en dégradant toutes les formes d'Expression Artistique (Une Cellule Communiste aux États-Unis a reçu l'ordre d'éliminer des parcs et des édifices, toute bonne sculpture, pour y substituer en remplacement des configurations informes, sans grâce et sans signification).
8. – Présenter l'homosexualité, la dégénérescence et la promiscuité des sexes comme étant normales, naturelles et bonnes pour la santé.
9. – S'infiltrer dans les Églises, et remplacer la Religion Révélée par une « Religion Sociale ». Discréditer la Bible, et souligner le besoin d'une maturité intellectuelle qui peut se passer de béquille religieuse.
10. – Éliminer des Écoles, la Prière, et tout autre respect de l'expression religieuse en donnant comme raison, qu'en s'y opposant, on violerait ainsi les principes de séparation de l'Église et de l'État.
11. – Discréditer la Famille comme Institution; favoriser l'amour libre et le divorce facile.
12. – Mettre en relief la nécessité d'élever les enfants loin de l'influence limitative des parents. Attribuer les préjugés, le blocage psychologique, et le retard des enfants à l'influence répressive des parents.

Ce Document serait incomplet sans la divulgation de la « *Clef de la Sémantique Communiste* ». En effet, comment prétendre comprendre les Tactiques, la Stratégie et les Buts du Communisme en ignorant du même coup la signification de son langage à double-sens ?

Quelques-uns des termes en usage courant dans le vocabulaire communiste sont reproduits, ci-dessous. Ils représentent seulement un faible aperçu du problème communiste ; celui-ci ayant été publié dans un « Rapport » plus complet par l'Association du Barreau Américain [130].

A — Termes de Dénigrement.

Pour un Communiste,

1. – Un Réactionnaire représente un non-communiste ;
2. – Un Fasciste signifie : un anticommuniste ;

---

130 — Note de l'auteur.

3. – Un Nazi ou un Hitlérien représente anti-communiste militant ;
4. – Une Guerre Froide : une résistance à la politique communiste ;
5. – Un Fauteur de Guerre : toute personne qui s'oppose au communisme, et veut barrer la route aux communistes ;
6. – Une Agression : toute action ferme pour prévenir, ou vaincre l'agression communiste ;
7. – Le Colonialisme : celui possédant des territoires convoités par les communistes ;
8. – Une Colonie : un territoire non-communiste associé aux pays de l'Ouest ;
9. – Un État Fasciste : tout pays qui prend une action ferme contre l'infiltration, l'espionnage ou l'activité subversive des communistes ;
10. – Le Militarisme : la création d'une force ou d'une alliance armée non-communiste ;
11. – Un Mc Carthyiste : tout homme qui suggère une enquête ou préconise des moyens efficaces contre l'espionnage et les activités subversives des Rouges ;
12. – L'Inquisition : toute enquête judiciaire ou gouvernementale ayant comme but de démasquer l'infiltration Rouge ou l'activité subversive dans les pays non-communistes ;
13. – Un Fanatique Religieux : toute personne s'opposant au communisme pour des raisons religieuses ;
14. – Un Mouchard : un travailleur anticommuniste, ou un syndicaliste anticommuniste ;
15. – Un Anti-Sémite, un Raciste, un Outil d. Patrons, un Traître : termes employés généralement contre les anticommunistes.

B — Termes Élogieux.

Pour un Communiste,

1. – La Paix signifie : ce qui n'offre aucune Opposition au communisme ;
2. – Amant de la Paix veut dire : celui qui supporte le communisme ;

3. – Coexistence Pacifique correspond à la non-résistance à la politique communiste, et à son action pour le contrôle du monde ;
4. – Populaire : communistes (de la Chine populaire…) ;
5. – Une Démocratie Populaire : un pays placé sous l'esclavage du communisme ;
6. – Démocratique ou Progressiste : tenues employés par les communistes afin de décrire les personnes, les Organismes ou les Politiques tendant à faciliter les objectifs communistes ;
7. – Un Intellectuel : un communiste à l'aise ;
8. – Un Homme d'Église éminent : quelqu'un qui suit la ligne communiste (le Doyen Rouge) ;
9. – Un Anti-Colonialisme : un programme communiste ayant comme but la conquête de territoires présentement associés au Monde Libre ;
10. – Les Peuples Opprimés : ceux qui demeurent dans les pays dont les communistes veulent s'emparer ;
11. – La Libération : l'assujettissement d'un pays libre par les Communistes.

Tout cet enchevêtrement de langage à double-sens, de confusion volontaire et de propagande inversée ; tout cela nous ramène directement aux enseignements de base du Communisme, et à la réalité implacable de ce qu'est réellement le Communisme [131].

A. — Contre la Famille et la Femme :

« La famille est un foyer de putréfaction bourgeoise ».

« L'amour des parents est un amour nuisible et antisocial ».

« L'homme et la femme ne sont que des animaux. Peut-il être question d'un lien indissoluble entre des animaux ? »

(Bebel)

« La femme est maîtresse de son cœur. Elle le partage avec qui elle veut. Une relation cesse de lui plaire, libre à elle de la rompre et de porter ailleurs son affection. »

(Bebel — *La Femme*, p. 192)

---

131 — Note de l'auteur.

« Le mariage est une propriété privée et la pire de toutes ; il est une institution absurde et immorale. »

(Benoît Maton)

« L'important est d'abolir radicalement l'autorité du père et puissance quasi royale dans la famille. Les enfants ne sont-ils pas autant que les parents ? Pourquoi les commander ? De quel droit ? Plus d'obéissance, sans quoi plus d'égalité ».

(Benoît Maton, *Le Socialisme Intégral*, 1892).

« L'Union libre, voilà ce qu'apportera à l'homme et à la femme la société communiste ».

(*La Famille et l'État Communiste*, Bibliothèque de l'Humanité, pp. 21-22.)

« Il faut que la femme se révolte et détruise les vieilles traditions imbéciles. »

(*P. Sémard, — l'Humanité* du 8 oct. 1924.)

« La Femme dans la société nouvelle jouira d'une indépendance complète... Cette union (le mariage) sera un contrat privé sans intervention d'aucun fonctionnaire [132]... »

B — Contre L'Enfant :

« Il est impérieusement nécessaire que l'État reprenne son travail antireligieux systématique parmi les enfants. Non seulement nous devons rendre nos garçons et nos filles non-religieux, mais activement et passionnément antireligieux. L'influence de parents religieux à la maison doit être combattue rigoureusement. »

(Kroupskaya, Outchitelskalla Gazeta, 10 oct. 1929.)

« Nous devons entrer dans les consciences... et en prendre possession, surtout des consciences des enfants et des consciences de la jeunesse. Il faut que les enfants et la jeunesse appartiennent à la Révolution... L'enfant appartient à la communauté, à la collectivité, et c'est le devoir rigoureux de la Révolution d'attaquer dans ce secteur, de déposséder ces gens-là des consciences, de déraciner les préjugés (la religion) [133] ».

---

132 — « *Le Corps Mystique de l'Antéchrist* », pp. 75-76.
133 — *Ibid.*, pp. 76-77.

C — Contre Dieu et la religion :

Staline au cours d'un discours dit :

« Nous n'aurons achevé notre œuvre... que lorsque la religion n'existera plus que comme le souvenir d'un passé historique. Tel doit être notre programme. »

Karl Marx écrivit en 1844 :

« La religion est le soupir de la créature opprimée, le sentiment d'un inonde sans cœur, l'opium du peuple... »

Lénine dira :

« Toute idée religieuse, toute conception d'un bon Dieu est une chose abominable. Des millions d'ordures, de souillures, de violences, de maladies, de contagions sont bien moins redoutables que la plus subtile, la plus épurée, la plus invisible de Dieu [134]... »

D — Entraînement à la Terreur :

La destruction de la Famille, de la Femme, de l'Homme, de L'Enfant, de Dieu et de la Religion ne pouvait avoir d'autre aboutissement que celui de l'ouverture intérieure à toutes les atrocités :

« Que nos cœurs soient cruels, durs, fermés à la reconnaissance, de sorte qu'ils ne frémissent même pas à la vue d'une mer de sang. »

(*Krasnaya Gazeta*, ancien journal officiel du Soviet des Ouvriers, le 31 août 1918). [135]

E — Conséquences de cette supposée Libération, Émancipation de l'Homme :

Sur 1.900.000 personnes sauvagement tuées de 1918-1923... on compte 1.400.000 prolétaires (ouvriers paysans et soldats)... 8.115 prêtres, 6.575 professeurs et instituteurs, 8.800 médecins, 54.834 officiers, 260.000 soldats, 105.000 officiers de police, 48.000 gendarmes, 12.850 fonctionnaires, 350.000 intellectuels, 192.000 ouvriers, 815.000 paysans.

Le rapport du Commissariat de la Santé Publique... En 1934, il y eut à Moscou 57.100 naissances et 154.584 avortements. En 1935, il y eut dans la même ville 70.000 naissances et 155.000 avortements [136].

---

134 — *Ibid.*, pp. 34-35.
135 — *Ibid.*, p. 84.
136 — *Ibid.*, pp. 89, 93.

Par centaines... les prêtres chrétiens (orthodoxes) égorgés, mutilés, lacérés... les chevaux caparaçonnés de chasubles, des croix sous la queue, des excréments dans tous les vases sacrés [137]...

L'Église catholique comptait 12 millions de fidèles, huit évêques et 810 prêtres. On ignore le nombre des fidèles survivants, mais on sait qu'en 1935 il restait 60 prêtres [138].

...Partout où passaient les troupes de Buclienny... ce n'était que cadavres mutilés, langues et yeux arrachés, malades égorgés dans les hôpitaux... A certains, la peau du dos a été découpée et ramenée sur la tête. D'autres ont le ventre ouvert ; on fait des liens de leurs entrailles arrachées... des corps sciés en deux ; des membres écartelés à l'aide de chevaux [139]...

Ceci ne représente qu'une très, très infime partie des descriptions de ce qui s'est passé en Russie au nom d'une nouvelle société, d'un nouvel homme ! Et en Espagne, où passa la même rage pour un *« Homme Nouveau »*, le résultat fut aussi désastreux :

Pendant 31 mois, la catholique Espagne... en 1936 et 1937, dix-sept évêques et six mille prêtres séculiers ont été mis à mort par les rouges... après les avoir massacrés, on a pendu les corps des prêtres aux étals de boucherie, tels des porcs. Là, on les a brûlés à petit feu, quand ils étaient à demi morts... A beaucoup on a amputé les membres, ou on les a mutilés affreusement avant de les tuer, on leur a crevé les yeux, coupé la langue, on les a éventrés, brûlés ou enterrés vifs, tués à coups de hache. On arriva jusqu'à profaner le silence sacré des tombeaux, dispersant les cadavres et détruisant le symbole religieux gravé sur les cénotaphes [140]...

F — La Fabrication de l'Homme-dieu :

Tout cela pendant que l'homme croit, et se plaît volontairement à croire, à la suite des Enseignements de la Franc-Maçonnerie : cette base idéologique du Communisme, du Socialisme International avec les Nations-Unies, qu'il est un *« Homme-dieu »* :

L'homme est un Dieu possible, omnipotent, pouvant surmonter les douleurs et les peines de sa chair. Organisons-le socialement, internationalement, universellement et il pourra se jouer du Dieu

---

137 — *Ibid.*, pp. 105-106.
138 — *Ibid.*, p. 113.
139 — *Ibid.*, pp. 116-117.
140 — *Ibid.*, pp. 107-109.

de légende et de cauchemar qui le poursuit. C'est la libération de l'homme par rapport au Divin [141]...

...l'homme prêtre et roi de lui-même qui ne relève que de sa volonté et de sa conscience [142].

G — Le Mensonge U.R.S.S.
« Programme pour un Gouvernement Mondial » :

« THE NEWS TIMES » est une revue en anglais publiée en Australie (Box 1226 L, G.P.O. Melbourne). De son édition d'avril 1974, fut tiré l'article suivant dans lequel il est montré de quelle manière nous sommes conduits, subjugués à notre insu par la Finance Internationale — les Illuminatis —, et leurs complices communistes.

Cet article écrit par Eric D. Butler fut reproduit en français dans la revue : « Le Service d'Intelligence du Canada (Canadien), du mois de Mars-avril 1974 », sous le titre : « *Le Programme Diabolique* (pour réduire le monde en esclavage) *par un Gouvernement Mondial* ».

Sa reproduction est d'autant importante qu'elle confirme tout ce qui fut écrit à date sur le sujet.

(Quelques passages écrits en lettres majuscules, et certaines phrases en gras le furent par l'auteur, mais respectent le contenu du texte original [143].)

Après avoir donné au Canada une conférence sur l'état du monde, et les causes de cet état, M. Eric Butler fut invité par un homme d'affaires à participer à un ambitieux programme visant à rejoindre au moins mille hommes d'affaires et professionnels du monde des affaires sur le Continent nord-américain. Voici les notes du discours enregistré de M. Butler :

Ce que je vais dire paraîtra incroyable à ceux qui ont accepté tout bonnement la supercherie la plus diabolique jamais montée pour berner l'humanité.

Selon cette supercherie, la Révolution bolchevique de 1917 en Russie aurait été une révolution russe, un soulèvement du peuple russe, et après avoir établi un nouveau genre de vie en société, les Communistes, pour faire face à la violente hostilité du

---

141 — *Ibid.*, p. 126.
142 — « *La Franc-Maçonnerie d'après ses Documents Secrets* », Léon de Poncins, p. 305.
143 — Note de l'auteur.

monde dit *« Capitaliste »*, auraient développé ensuite une énorme superpuissance industrielle, technologique et militaire, avec laquelle les Nations non-communistes doivent maintenant faire des ententes. Même un grand nombre d'anticommunistes acceptent cette tromperie pour une vérité.

Les faits sont que la Révolution bolchevique fut imposée au malheureux peuple russe par des puissances étrangères à la Russie, et qu'elle fut grassement financée par des Organismes financiers Internationaux ayant leur siège à New-York ; et que ces mêmes Groupes financiers ont, depuis plus de 50 ans, nourri un flot de transfusions économiques vers l'Union Soviétique.

LA RÉUSSITE INDUSTRIELLE ET TECHNOLOGIQUE RUSSE SI LARGEMENT PUBLIÉE, EST UN MYTHE. Le véritable exploit de l'affaire a été de transplanter l'industrie et la technologie occidentales en Union Soviétique. En plusieurs occasions, les Soviets ont échappé à la menace de grandes famines grâce à des exportations massives de nourriture des pays occidentaux en Union Soviétique. Les faits cités sont incontestables. On ne les fera pas disparaître en prétendant qu'ils n'existent pas. Comme on nous **l'a dit il y a deux mille ans, la préservation et le développement de la Liberté dépendent de ce qu'on a ou non le courage de regarder la vérité en face.**

Anthony C. Sutton, un Britannique de naissance occupant aujourd'hui un poste de recherches pour l'Institut Hoover sur la Guerre, la Révolution et la Paix, à la Stanford University aux États-Unis, est l'universitaire le plus qualifié du monde occidental pour parler de l'assistance technologique occidentale donnée à l'Union Soviétique. La publication de ses trouvailles fia tellement explosive qu'on l'invita à témoigner devant le Sous-Comité National du Parti Républicain, le 15 août 1972, durant la Convention de ce Parti tenue à Miami Beach. Les faits renversants présentés par Sutton firent frissonner, mais furent presque entièrement camouflés par les Moyens de diffusion, les deux principales Agences de Nouvelles, UPI et AP, refusant le témoignage de Sutton.

Sutton dit à ses auditeurs :

Je ne suis pas un politicien. Je ne vais pas vous dire ce que vous aimeriez entendre. Mon travail est de vous donner des faits. Que vous les aimiez ou non ne me concerne pas.

En quelques mots : la **Technologie soviétique**, cela n'existe pas ! La presque totalité, peut-être 90 ou 95 % de l'équipement technique des Soviets est venu directement ou indirectement des États-Unis et de leurs alliés. En réalité, ce sont les États-Unis et les pays membres de l'OTAN qui ont bâti L'Union Soviétique, sa force industrielle et sa force militaire. Cette oeuvre de construction massive a pris 50 ans… Elle s'est accomplie par le commerce et la vente d'usines, d'équipement et d'assistance techniques.

Les Soviets ont la plus grosse marine marchande au monde, environ 6.000 navires. J'ai le mémoire descriptif de chacun de ces navires. Environ les deux tiers ont été bâtis hors de l'Union Soviétique. Environ les quatre cinquièmes des moteurs de ces navires ont également été bâtis en dehors de l'Union Soviétique. Tous les moteurs de navires fabriqués en U.R.S.S. le sont grâce à l'assistance technique étrangère.

Environ 100 navires soviétiques sont utilisés sur la route de Haïphong pour transporter des armes et des approvisionnements soviétiques servant à l'agression commise chaque année par Hanoï. J'ai réussi à identifier 84 de ces navires. Aucun des moteurs principaux de ces navire n'a été conçu, ni manufacturé sur le territoire de l'U.R.S.S. Les bâtiments les plus gros et les plus rapides circulant sur la route de Haïphong ont tous été bâtis en dehors de l'U.R.S.S. Toute la technologie de construction navale de l'U.R.S.S. vient directement ou indirectement des États-Unis ou de leurs alliés de l'OTAN.

Toute la technologie soviétique, en fait d'automobiles, de camions et de moteurs, vient de l'Ouest et, principalement, des États-Unis. Dans mes Dossiers j'ai une liste de toutes les usines soviétiques, détaillant pour chacune, son équipement, et qui fournissait cet équipement. L'armée soviétique a plus de 300.000 camions, provenant tous d'usines bâties par les États-Unies. Jusqu'en 1968, la plus grosse usine de véhicules motorisés en URSS était à Gorki. Gorki produit un grand nombre des camions que les pilotes américains ont vu sur les pistes de guerre Ho Chi Minh… C'est l'usine de Gorki qui produit la Jeep soviétique et une demie douzaine d'autres véhicules militaires. Cette usine de Gorki a Ford Motor Compagny et par la Austin Compagny (comme commerce de Paix).

…100.000 Américains ont été tués en Corée et au Vietnam par

notre propre technologie. La seule réaction de Washington et de l'administration Nixon est l'effort déployé pour étouffer le scandale.

Les faits cités par Antony Sutton ne pouvaient être niés ; aussi furent-ils dissimulés autant que possible. Les Républicains s'en détournèrent en frissonnant. Les élections de 1972 étaient proches, et il leur fallait faire croire que le Dr. Henry Kissinger conseillait correctement le Président Nixon, et que la « *Coexistence Pacifique* » était possible, non seulement avec les Soviets, mais aussi avec la Chine Rouge, en augmentant encore davantage le flot de crédits et d'aide économique accordés aux puissances communistes. C'est à tort qu'on appelle cela du « *Commerce* ».

L'influence hypnotique de la propagande hautement centralisée est telle qu'un grand nombre de personnes en sont arrivées à croire que le noir est blanc, et que le blanc est noir.

Pour la grande majorité du peuple des États-Unis, et des autres pays non-communistes, Sutton et les faits qu'il prouve par des documents, n'existent pas. Le traitement donné à son livre : « *National Suicide : Military Aid to the Soviet Union* » a été de tout garder sous silence. L'essence de ce que dit Sutton, est que tout en dépensant des milliards de dollars pour la défense militaire, les Nations Occidentales fournissent des milliards d'aide industrielle et technique aux communistes pour accroître leur menace militaire : « *contre l'Occident* ». Suttan cite un Rapport fait en 1944 par W. Axerait Harriman, Ambassadeur américain à Moscou, d'après des Documents Officiels Américains :

Staline rendit hommage à l'aide apportée par les États-Unis à l'industrie soviétique avant et durant la guerre. Il (Staline) dit que les deux tiers environ de toutes les grosses entreprises industrielles dans l'Union Soviétique ont été bâties avec l'aide ou l'assistance technique des États-Unis.

Sutton fait remarquer que Staline aurait pu ajouter que l'autre tiers des entreprises industrielles et des usines militaires de la Russie, a été bâti par d'autres Nations occidentales. Et il accuse ce qu'il appelle le « *Washington Officiel* » de savoir que le premier but de l'industrialisation soviétique est de développer la machine militaire soviétique. Il cite le cas de l'usine de Kama pour camions lourds :

Les Soviétiques n'ont aucune technologie indigène pour fabriquer des camions. La Banque Américaine d'Exportation et d'importation a fait directement des prêts de 86.5 millions de dollars, tandis que la Chase National Bank des Rockefeller s'attend à accorder des prêts se chiffrant à 192 millions de dollars pour financer l'usine de Kama. Le potentiel militaire de ce projet est ahurissant. Le projet de Kama est conçu pour produire chaque année 100.000 camions lourds à plusieurs axes ; un total dépassant celui de tous les manufacturiers américains de camions lourds mis ensemble !

Vu que Sutton a plusieurs fois dénoncé cette politique de bâtir la force industrielle et militaire de l'Union Soviétique, il n'est pas surprenant qu'il se soit vite rendu compte que la bureaucratie de Washington n'était pas prête à coopérer avec ses études. Sutton a aussi dénoncé le Mythe de prétendre obtenir la Paix en envoyant aux Communistes une aide économique accrue. Financer l'exportation d'équipements pour calculatrices électroniques perfectionnées (fait nouveau qu'il faudrait mentionner dans cette histoire) ne contribuera pas plus à la Paix que ne l'a été l'aide économique envoyée dans le passé. C'est exactement le contraire qui est inévitable : une pression globale croissante de la part du monde communiste. Ce qui pose la question fondamentale de savoir si ceux qui persistent dans cette voie de suicide, savent ce qu'ils font.

Il est évident que les marxistes solidement retranchés dans les Nations non-communistes ; s'abritant derrière les nombreux innocents bien utiles (vous savez, ce genre de prétendus intellectuels qui crurent de bon cœur que le monstre Staline était l'avant-coureur d'une nouvelle civilisation glorieuse) ; il est certain que ces marxistes installés dans le monde non-communiste, sont enchantés de ce Programme d'auto-destruction des Nations non-communistes. Et l'attitude des hommes d'affaires à courte vue qui sont prêts à justifier l'exportation, vers les pays communistes, en disant que c'est bon pour les affaires ; cela aussi peut se comprendre. Mais que penser des Banquiers Internationaux qui ont été les plus solides champions de cette politique d'exportations vers les Nations communistes ?

Le plus connu de leur Chargé des rapports avec le public, le Dr. Henry Kissinger, a fait comprendre à l'intérieur de ses écrits et de ses déclarations qu'il travaille pour l'établissement d'un État Mondial. Le Programme du Dr. Kissinger a été esquissé par son bon ami, Richard N. Gardner, Professeur de Droit et d'Organisation Internationale à l'Université Columbia. Le Professeur Gardner était ancien Vice-assistant Secrétaire d'état pour les Organismes Internationaux durant les Administrations Kennedy et Johnson.

Gardner dit que Kissinger a mis au point une « **Stratégie plus indirecte pour crémer un Gouvernement Mondial** » **par la formation de** « **Nouvelles Structures Internationales** ». Gardner est très franc :

Ce qui dans la situation présente permet d'espérer, c'est qu'au moment même où les Nations résistent à des appels en faveur d'un « *Gouvernement Mondial* » et de l'abandon de leur souveraineté, leurs intérêts technologiques, économiques et politiques les forcent à établir des Organismes dont les pouvoirs sont de plus en plus étendus, pour mener à bien leur interdépendance mutuelle.

Gardner dira également, qu'au terme de la Crise mondiale qui s'intensifie — nous sommes, ici, il ne faut pas l'oublier, au début des années 1970 — **le Fonds Monétaire International sortira doté de pouvoirs sans précédent.** Le Professeur Gardner est très explicite :

Nous sommes embarqués dans une ambitieuse négociation pour réformer le « *Système Monétaire International* » afin de faire graduellement disparaître l'étalon dollar... L'accomplissement de ces objectifs requerra inévitablement une revitalisation du Fond Monétaire International qui recevra des pouvoirs sans précédent pour créer de nouvelles réserves internationales, et pour influencer les décisions nationales concernant les taux du change et les politiques monétaires et fiscales domestiques.

Nulle part, même ici, on n'ose nous informer sur la raison réelle du renforcement technologique et militaire de l'Union Soviétique qui surtout, fut accéléré depuis 1989, si ce n'est que l'on parle de crise.

Par conséquent, le trait fondamental de la situation mondiale est que les Monopolisateurs Internationaux du crédit ont financé et fait vivre le Communisme afin de provoquer une crise mondiale croissante qui peut à son tour être exploitée pour pousser l'humanité vers l'État Mondial. L'avenir des Sociétés libres dépend maintenant de leur réussite ou de leur échec à s'opposer aux créateurs et aux nourrisseurs du Communisme, en changeant leurs politiques financières internationales de manière à faire fonctionner leurs systèmes économiques sans être acculés à une situation où elles semblent forcées à continuer d'exporter vers les pays communistes pour permettre à leurs propres économies nationales de continuer à fonctionner. Nulle personne responsable ne peut se permettre d'ignorer cette question [144].

On tente de nous faire croire que l'exportation de matériel technologique et militaire vers la Russie est une nécessité pour assurer le fonctionnement d'une partie de l'Industrie, de l'Économie Occidentale ; ce qui est assez faible, surtout à la lumière des derniers événements de fin 1993 avec l'arrivée dans le paysage politique international, d'un personnage comme Vladimir Jirinovski. Pourquoi celui-ci, et pas un autre quelconque nouveau personnage survenant dans la politique de l'opposition ?

Parce qu'ici, en premier lieu, tin signe ne trompe pas. Dans un premier temps, ce personnage à peu près inconnu, il n'y a pas six mois de cela, est devenu l'opposition en Russie, financé par on ne sait qui, selon les Médias Internationaux. Dans un deuxième temps, Jirinovski, après avoir été élu, portait, en signe de reconnaissance internationale pour tous ceux ayant été Choisis, entraînés et financés par les Illuminatis, c'est-à-dire, la « *Rose* » ou la « *Fleur* » Rouge, tel que cela fut le cas, dans le passé, pour Fidel Castro à Cuba, Mitterrand en France, et d'autres Leaders du même genre. D'ailleurs, il y a un sens remontant loin dans le passé quant à l'utilisation de la symbolique « *Rouge* ».

Dans un troisième temps, Jirinovski, tel Hitler, Lénine, Garibaldi et bien d'autres a les mêmes caractéristiques : le comportement « *Fasciste* » et exagéré nécessaire à créer un état de panique général sur la planète s'il vient à prendre le pouvoir, mais, du même coup, à fournir le prétexte obligatoire pour permettre l'instauration d'un Nouvel Ordre Mondial.

Il se peut que ce scénario apocalyptique change en cours de route, mais il est vraisemblable compte tenu de la géopolitique internationale actuelle.

En deuxième lieu, la création effrénée, depuis le début des années 1990, de « *Nouvelles Structures Économiques Internationales* » vers

---

144 — *Le Service d'Intelligence Canadien*, n°. Mars-Avril 1974.

l'impossibilité de plus en plus grande des Nations Occidentales de survivre avec le poids de leur dette extérieure ; ce qui, en 1994, annonce des coupures dans les Programmes Sociaux dans plusieurs pays et, par conséquent, des situations sociales de plus en plus intenables.

En troisième lieu, à partir des États-Unis, la formation de « *Troupes Militaires multinationales* » et d'une « *Nouvelle Police Internationale* » à uniformes et matériel militaire de couleur noir ; le tout sous l'égide des Nations-Unies.

Toutes ces considérations, et bien d'autres non énumérées ici, portent à croire à un « *Coup Militaire et Économique Mondial* » imminent.

Quoi qu'il en soit, la proximité du Nouvel Ordre Mondial et le rôle de la Russie pour son instauration ne font aucun doute en tenant compte de toutes les données disponibles actuelles [145].

---

145 — Note de l'auteur.

QUATRIÈME PARTIE

L'apostasie
« ROUTE ROYALE MENANT AU RÈGNE DE L'ANTÉCHRIST »

L'APOSTASIE :
« L'OUVERTURE À GENOUX, SUR LE GOUVERNEMENT MONDIAL »

À LA suite d'autant d'assauts contre tout ce qui compose l'héritage traditionnel de l'homme comme nous l'avons vu jusqu'ici, il n'est donc pas surprenant de voir ainsi cet homme se courber, et, en reniant son passé spirituel, culturel et social, pénétrer à l'intérieur de la seule voie qui lui avait été laissée, soit celle de « l'Apostasie ». C'est précisément cette avenue préparée, voulue par d'autres pour lui, qui le placera, par conséquent, en position intérieure de confusion telle que celui-ci acceptera, comme étant des « Prodiges et des Miracles », ce que l'Antéchrist a soigneusement mis sur pied pour lui à travers le développement hors de l'ordinaire de la « Technologie ».

Mais qu'est-ce que l'**Apostasie**, au juste ?

L'Apostasie doit revêtir trois caractères qui manifesteront l'un après l'autre à mesure qu'elle se développera :

1. – L'Apostasie est « **Une Sortie** », un « **Éloignement progressif** » : une « **Acceptation d'Hérésies** » qui évoluent vers une négation totale de la Foi ;
2. – L'Apostasie est « **Une Chute et une Réprobation** » : L'État rejette le Christ, comme au temps des Juifs (nous n'avons de roi que César) ;

3. – L'Apostasie est alors, « **La Manifestation de l'Homme du Péché** ». Avant l'Antéchrist, c'est « **l'Homme tout court** », « **l'Homme du Péché Originel** » :

L'Homme qui ne veut pas de Loi s'il n'en est l'auteur ou le Principe ;

Le « *Fils de Perdition* », pour qui le Salut n'existe pas parce qu'il refuse d'y croire — quand on est mort, tout est mort — ;

Pour lui, toutes les Religions se valent, toutes fausses et décevantes. Il les rejette toutes. Il les combat — Athée — ;

Il prétend les supplanter — Communisme, Socialisme — ;

Il se place, lui, l'Homme, au-dessus de tous les Dieux. Il veut être toute Âme — Psychiatrie — et toute Vie — Génétique — ;

L'Unique source de la Science – les Ordinateurs — l'Unique Règle de la Conscience – l'Humanisme —, l'Arbitre du Bien et du Mal – l'Esprit Scientifique —, le Commencement et la Fin – Le Nouvel Ordre Mondial —. Il S'adore et veut qu'on l'adore – l'Homme-dieu ; le simple individu de tous les jours, maintenant [146] —.

(Les Majuscules, les caractères gras et les textes en retrait — ... —, sont de l'auteur pour la plupart.)

L'apostasie nie :
1. – La Rédemption qui rend tous les Hommes aptes à l'héritage de Jésus-Christ — tentative qui amènera à coup sûr, l'établissement d'une Église Nationale et Humaine, une « *Église Mondiale* » de toutes les Religions — ;
2. – L'Incarnation qui donne à tous les Hommes les mêmes droits d'enfants adoptifs — l'Homme nouveau est fier et indépendant ; il n'a plus besoin, ni de Dieu et ni de parents — ;
3. – La **Trinité Divine** qui rend possible l'Incarnation du « *Fils par l'opération du Saint-Esprit* » — le Nouvel Ordre Mondial donnant naissance au Nouvel Homme par le biais de la Nouvelle Religion Mondiale. — Ceci, c'est le XXe siècle [147].

---

146 — « *Les Derniers Temps (d'après l'histoire et la Prophétie)* ; Comte J. du Plessis, Ed. Desclée de Brouwer, Paris 1937 ; pp. 137-138.
147 — *Ibid.*, pp. 139-140.

Ce qui empêche l'Apostasie :

Ce qui peut nous préserver contre elle : C'est l'Autorité Dogmatique de l'Église Catholique — à peu près inexistante, aujourd'hui, depuis des changements hasardeux introduits en son sein à partir des années 60 et, par la suite, maintenus et augmentés au point que maintenant, la Tradition, la Souffrance et l'Humilité m sont absentes. Ceux qui privilégient ces trois bases jadis présentes au sein de l'Église, sont aujourd'hui considérés comme étant des arriérés, des nostalgiques, des dangers pour l'émancipation de la « *Nouvelle Église* ». Un jour, ils seront persécutés, et mis à mort par les représentants de cette Église comme les « *Premiers Chrétiens* » le furent il y a quelque deux mille ans — cette Autorité qui définit ce qu'il faut croire, et ce qu'il faut faire pour entrer et demeurer dans le troupeau du Sauveur. Et le Pape est au sommet, et au centre, la « *Pierre Fondamentale* » sur qui tout l'Édifice repose.

Si Luther, par sa « *Protestation* » contre l'Église de Rome — ce qui le mena à fonder le « *Protestantisme* », à remettre en question des Dogmes de la Foi Chrétienne et à déchaîner ainsi le libre examen par tous, des Vérités de la Foi et des Mystères — avait seulement réussi à écarter le Pape en supprimant sa place, mais non dans le but de l'usurper, alors tout l'écroulement de l'Église aurait commencé à se produire. La Chrétienté se serait définitivement disloquée [148].

Antéchrist et Gouvernement Mondial :

De nos jours, au nom du « *Respect des Droits de l'Homme* », de l'Égalité des Hommes entre eux, on tente de procéder, d'écarter Pierre de Rome, et de faire de l'Église, selon les desseins de la Franc-Maçonnerie, de la Synarchie, des Illuminatis, une Église conduite par des Hommes avec l'esprit de l'Homme moderne.

Il ne faut surtout pas oublier que l'Antéchrist sera un Antiochus moderne et mondial — celui qui fut un despote bestial et sanguinaire —. **Il sera le fruit de l'Apostasie** préparée avec patience par l'Homme de péché depuis le XVIIIe siècle.

Ne dites pas que l'Antéchrist est loin de nous. Qui aurait pu croire, en 1769, même en 1792, à l'avènement si proche de Napoléon. Il fut Empereur des Français en 1804. En 1793, il était simple capitaine, sans importance. Après 1794, il était en disgrâce. Il

---

148 — *Ibid.*, p. 142.

fut rétabli en 1796 avec le commandement de l'armée d'Italie, etc...
— Qui, par exemple, connaissait Vladimir Jirinovski il y a seulement six mois ? —

L'Homme de Péché et l'Antéchrist déploieront en son sentier, la puissance du MENSONGE ; ils s'aideront de « *Signes* » et de « *Prodiges* » pour faire croire au Mensonge ; ils mettront en oeuvre toute la « *Séduction de l'Iniquité* »[149].

L'HOMME DU PÉCHÉ :

... sans aucune personnalité individuelle ou collective, il prépare, lui, la voie au Règne de l'Antéchrist.

L'Antéchrist seul achèvera de fondre, et d'organiser en un même corps : « *Sectes, Partis, Coalitions., ou États maîtres du monde* ». Ce sera **le Gouvernement Mondial sans Dieu**[150].

CONCLUSION :

Du XVIe au XVIIIe siècle, les ouvriers de l'Apostasie se réclamaient principalement de la Raison, de la Philosophie, de la Liberté, de la Nature.

Quant au XIX et au XXe siècles, la « *Manifestation de l'Homme du Péché* » s'opère sous les auspices de la « SCIENCE » qui, seule, peut lui fournir des « *Signes* » et des « *Prodiges* ». D'ailleurs, c'est cette même science qui, aujourd'hui, se réclame sans Dieu.

Enfin, tout ce processus peut se résumer dans les 3 Périodes Antichristiques prédites par Saint Paul :

1. – L'Apostasie des Nations ;
2. – La Manifestation de l'Homme du Péché sur le Plan National par l'avènement d'États sans Religion, ou d'États laïcs ;
3. – La Manifestation de l'Homme du Péché sur le Plan Mondial par la Domination de l'état Athée et Antichrétien incarné finalement par l'Antéchrist[151].

---

149 — *Ibid.*, p. 149.
150 — *Ibid.*, pp. 151-152.
151 — *Ibid.*, « *Les Derniers Temps* » ; p. 112.

TECHNOLOGIE ET ORDINATEUR MONDIAL :
« BASE DE L'ÉTABLISSEMENT DU NOUVEL ORDRE MONDIAL »

*L*E XXe siècle sera une époque de terreur et de misère. Ce siècle apportera tous les maux et les désagréments que l'on peut imaginer. Dés le début, en de nombreux pays, les princes se soulèveront contre leurs pères ; les citoyens contre l'autorité ; les enfants contre leurs parents ; les païens contre Dieu, et des peuples entiers contre l'ordre établi. Une guerre civile éclatera, pendant laquelle des bombes tomberont du Ciel. Puis il y aura une seconde guerre dont l'univers presque entier subira les contrecoups. Les désastres financiers et la ruine de la propriété feront couler beaucoup de larmes. Les hommes n'auront ni âme, ni pitié. Des nuages empoisonnés, des rayons plus brûlants que le soleil de l'Équateur, des forteresses de fer qui cheminent, des vaisseaux volants pleins de bombes terribles, des étoiles qui distillent la mort et le souffre enflammé, détruiront de grandes villes. Ce siècle sera le plus étrange de tous, parce que les hommes se soulèveront et se détruiront mutuellement [152].

A — SAVIEZ-VOUS QUE DANS LES ANNÉES 1970 :

Le Numéro de Code de la Banque Mondiale était « 666 » ?

Les Cartes de la Banque Nationale d'Australie avaient le chiffre « 666 » imprimé sur elles ?

Les nouvelles Cartes de Crédit Américaines avaient reçu comme préfixe aux chiffres qui les composaient, le nombre « 666 » ?

Les Ordinateurs centraux de Sears, Belk, Penney et Montgomery Ward exigeaient, pour leurs transactions par Ordinateur, que le préfixe « 666 » soit utilisé ?

Les Ordinateurs fabriqués par Lear Siegler comportaient un sceau sur lequel était imprimé le chiffre « 666 » ?

Le Numéro de Division des employés du Service Médical du Gouvernement Fédéral des États-Unis était « 666 » ?

La Nouvelle Force de Sécurité Secrète du Président Carter exhibait le numéro « 666 » sur ses engins ?

---

152 — « *Marie annonce la Fin des Temps* » ; P. Sanchez y Pascual, Nouvelles Editions Latines, Paris, 1969, p. 123.

Les Cartes de Crédit d'une Compagnie de Téléphone du Centre-Ouest des États-Unis étaient codées du nombre « 666 » ?

Les Cartes de Service Sélectif des États-Unis avaient le chiffre « 666 » imprimé sur elles ?

La Compagnie Master Card avait commencé à utiliser sur ses rapports de compte, le chiffre 666, en août 1980 [153] ?

Le Conseil d'Administration du Système de la Réserve Fédérale américaine a publié un petit livre en Juin 1980 : « *Alice au pays du Débit* », qui expliquait et, encourageait, l'utilisation de la Carte de Débit [154] ?

Le Service Postal des États-Unis avait annoncé, le 15 août 1980, qu'un Service Électronique serait prochainement offert pour la livraison de messages par Ordinateur ? (Ce Service devait être opérationnel le 4 Janvier 1982) [155].

Lorsque les ingénieurs dessinèrent les téléphones « *touch tone* » (contempra), il y avait une vingtaine d'années de cela, il leur avait alors été demandé d'inclure au cadran téléphonique, deux boutons supplémentaires : soit l'astérisque (*) en bas, à gauche, et le (£) ou le (#) en bas, à droite ? L'astérisque devrait être utilisé — un jour — pour mettre chaque personne en contact avec l'ordinateur Bancaire ; quand au *pound sign*, celui-ci devrait être utilisé pour nous aider à déplacer les sommes d'argent nécessaires à nos achats, de notre compte bancaire vers un autre compte [156].

Quant à la machine servant à lire des inscriptions cachées, elle était devenue une réalité vivante, déclara un Officiel Bancaire, le 31 mai 1980, lors d'une émission sur la chaîne indépendante la plus importante des États-Unis. M. Lowell R. Brisben ajouta que cette machine se trouvait à éliminer toute nécessité des Cartes de Crédit ; de même qu'elle pouvait lire, électroniquement, le numéro secret inscrit sur la main droite d'une personne [157].

---

153 — « *When your Money Fails* », Mary Stewart Relfe, Ed. Ministries Inc., 1981 ; pp-15-20.
154 — « *The New Money System* », « 666 », Mary Stewart Relfe Ed. Ministries Inc. ; p. 133.
155 — « *When your Money Fails* », p. 128.
156 — *Ibid.*, pp. 116-117.
157 — *Ibid.*, p. 57.

B — Internal revenue system « IRS » :

Pendant les mois de Juillet-août 1980, l'Internat Revenue Service fit une erreur qu'il n'aurait jamais voulu faire. L'Internat Revenue Service est un **Service Officiel de l'impôt aux États-Unis** —. Des rapports de différents États, tels le Kentucky, l'Indiana, le Maryland et la Virginie ont confirmé cette nouvelle. Un grand nombre de chèques de Sécurité Sociale, par accident, avaient été envoyés aux bénéficiaires, et ces chèques exigeaient un procédé spécial anormal. C'était tellement anormal que les Banques à l'époque avaient refusé d'encaisser ces chèques. En voici l'explication :

Les Chèques du Gouvernement, comme vous le savez, ont un paragraphe spécial imprimé au verso qui contient, des conditions pour l'encaissement. Normalement il est spécifié qu'on doit présenter une pièce d'identité adéquate, et que le chèque doit être endossé lors de l'encaissement. Eh bien! à la place de ce paragraphe, l'on pouvait plutôt y lire que l'individu qui encaisse le chèque devait avoir la pièce d'identité adéquate, soit « LA MARQUE SUR LA MAIN DROITE *OU* SUR LE FRONT ». Sans cela, le chèque ne pouvait être encaissé.

Naturellement, les Banques aussi bien que les destinataires étaient surpris, confus et frustrés. En dépit de toutes les demandes (*même des menaces*), les Banques refusèrent d'encaisser ces chèques.

Pour chaque cas, on dû entrer en contact avec des responsables de IRS. Après beaucoup de confusion, de dénégations et de controverses, l'IRS admis ses erreurs. Ces chèques de Sécurité Sociale étaient valides. Cependant, ils n'étaient pas utilisables à ce moment-là. En fait, le seul problème avec ces chèques, c'était qu'ils avaient été expédiés trop tôt ! On n'était pas supposé commencer à se servir de ces chèques, à l'époque, avant 1984 [158].

C — Larry Goshorn et le système « S.W.I.F.T. » :

Les propos de l'interview qui vont être présentés ici paraîtront tellement incroyables à plusieurs que, pour cette raison, il est important de savoir, avant tout, que Larry Goshorn n'est pas un illuminé, ni un fanatique, mais bien plutôt le *« Président et Directeur*

---

158 — Journal «*Northwest Alabamian*», d'Haleyville, Alabama (U.S.A.), été 1980.

de la General Automation Inc. » ayant ses quartiers généraux à Anaheim, en Californie.

Cette compagnie avait été choisie par S.W.I.F.T. afin de lui fournir des systèmes d'ordinateurs qui devaient permettre aux diverses Banques d'être reliées entre elles, et de pouvoir ainsi communiquer l'une avec l'autre.

C'est après s'être converti au Christianisme, et lors d'une interview ayant lieu au Club 700 (importante émission de télévision aux États-Unis), en 1981, que celui-ci livra des informations faisant état de liens entre la Haute Finance Internationale et la Technologie avancée qu'elle comptait utiliser en vue de prendre le contrôle économique mondial pour Un Gouvernement Mondial.

Qu'est-ce que le Système S.W.I.F.T. ?

S.W.I.F.T. signifie « **Society for Worldwide InterBank Financial Telecommunications** (Société Mondiale pour les Télécommunications Interbancaires) ».

L'Organisation S.W.I.F.T. représente le point culminant d'une série d'études commencées en 1969, mais avec le défi de mettre sur pied un Système perfectionné de Payements Internationaux.

En mai 1973, quelque 240 des plus grandes Banques d'Europe et d'Amérique du Nord mirent sur pied la Société Mondiale pour les Télécommunications Financières Interbancaires (S.W.I.F.T.) avec le défi d'établir, d'outiller, et d'opérer un Réseau Financier International. Ceci donnait aux Banques-membres, le pouvoir de se transmettre entre elles, des payements internationaux, des rapports et d'autres communications associées aux Opérations Bancaires Internationales. (Carl Reuterskiold, Gérant Général de S.W.I.F.T., le 19 Octobre 1977 [159].

En 1982, S.W.I.F.T. comptait quelque 700 membres. Les deux Banques Américaines ayant le plus utilisé ce système sont : la Chase Manhattan et la Irving Trust de New York. L'entière Organisation du Système S.W.I.F.T. fut produite sous le sceau du secret. Leurs édifices, situés à Bruxelles, Capitale de la Communauté Européenne des Dix, sont munis d'un réseau complet de caméras cachées, et d'un contrôle de télévision en circuit fermé [160]...

---

159 — « *The New Money System* », p. 126.
160 — *Ibid.*, p. 128.

S.W.I.F.T. fut officiellement inauguré le 19 Octobre 1977 par le Prince Albert de Belgique. Et pourtant...

Pourtant, en février 1975, M. Charles Duncombe du réseau d'information CFN à Jérusalem, déclara ce qui suit, et qui fut publié dans l'important Magazine *Moody* :

> « Le Dr. Handrick Eldeman, Analyste en Chef de la Conférence du Marché Commun a dévoilé, à Bruxelles, qu'un Plan de restauration par Ordinateur était déjà en marche devant l'imminence du *« Chaos Mondial. »*

Lors d'une réunion d'urgence qui regroupa, à la fois, des savants, des Conseillers et des Dirigeants de la C.M.C., le Dr. Eldeman dévoila la « Bête »[161].

La Bête est un Ordinateur gigantesque occupant trois planchers de surface de l'immeuble administratif du Siège Social du Marché Commun — ce que ne dit pas ce Monsieur, c'est que cet Ordinateur est un instrument devant servir au Pouvoir de l'Antéchrist, et non l'Antéchrist lui-même. Car la Bête, ce n'est pas seulement un système, mais bel et bien un individu personnifié, et identifiable, un jour prochain. —

Ce monstre est un Ordinateur auto-programmeur possédant plus de 100 sources distributrices de données. Des experts en programmation ont mis au point un plan appelé à régir par Ordinateur, tout le Commerce Mondial.

Ce Plan de maître est un système de dénombrement chiffré de chaque être humain de la terre. L'Ordinateur attribuerait ainsi à chaque habitant du monde un numéro devant servir à tout achat ou vente, écartant de cette manière le problème des Cartes de Crédit courantes. Ce numéro serait invisiblement tatoué au laser, soit sur le front, soit sur le revers de la main — les dernières informations obtenues à la fin de 1993, et qui sont reproduites à la fin du présent ouvrage, font ressortir à quel point la technique a évolué depuis les années 70 pour l'identification universelle de tous les individus.—
Ce Numéro ne serait identifié, déchiffré que par des appareils lecteurs à l'infra-rouge installés dans des comptoirs de vérification ou dans les places d'affaires.

Le Dr. Eldeman avoua qu'en se servant de trois donnes de six chiffres ce qui fut confirmé au début de 1994 par rapport au nouveau

---

161 — *Ibid.*, p. 128.

«*Numéro d'Assurance Sociale Internationale*» se composant de trois séries de 6 chiffres chacun («*666*») — chaque habitant du monde pourrait se .voir attribuer un numéro de carte de crédit distinct. Personne ne pourrait, m acheter, ni vendre sans se faire tout d'abord attribuer semblable empreinte chiffrée.

Les dirigeants du Marché Commun sont maintenant des plus convaincus que l'Ordre Mondial dépend de l'allégeance de Paix et de Politique à un nouveau Système de Commerce Mondial — ce Système ayant été finalisé en Décembre 1993 Janvier 1994 — et de chiffrage.

Un seul individu aurait à la portée de la main, le numéro de tous les habitants de la terre. Cela pourrait représenter un Instrument de Paix ou de Dictature.

Penri Spaak, père du Marché Commun Européen, et Secrétaire Général de l'OTAN, disait, dans un de ses discours :

> «Ce que nous voulons, c'est un homme d'une telle stature que celui-ci soit capable de rallier l'allégeance de Paix et de Politique pour nous tirer du marasme économique dans lequel nous nous enfonçons. Envoyez-nous un tel homme, et qu'il soit dieu ou détenu, nous l'accueillerons[162]. »

(Les textes situés entre — ... — sont de l'auteur).

D — Union de la Technologie et du Surnaturel :

Ce qui vient confirmer cette recherche d'un supposé «*Sauveur*», c'est l'interview accordé par M. Larry Goshom au «Club 700» en 1981.

Interviewer : Pat. — *Invité* : Larry Goshom.

Pat. – Mesdames et messieurs, notre premier invité aujourd'hui, a aidé à construire l'ordinateur du Système S.W.I.F.T. Il a en outre construit douze systèmes différents d'ordinateurs. Il est le Président d'une Compagnie qui est à l'avant-garde de la Technologie des Ordinateurs.

... Larry, je voudrais te demander quelque chose. Est-ce bien vrai qu'à l'âge de sept ans, tu as fait un pacte avec Satan ?

---

162 — *Ibid.*, p. 128.

Larry – C'est bien vrai, Pat. Je suis entré dans ce genre de rébellion à l'âge de cinq ans. Au moment de mes sept ans, j'ai réalisé, et appris que je pouvais littéralement échanger mon âme pour m'approprier le monde. Alors, à cette époque, j'ai fait un contrat à longue échéance avec Satan. De mon côté, je recevais, grâce à ce contrat, une renommée mondiale, la richesse et le pouvoir.

Pat.: Tu sais, il y a bien des jeunes qui jouent avec des jeux psychiques: la table Ouija, et des choses du genre. Mais toi tu avais seulement sept ans!

Larry – Il faut savoir, Pat, que Satan se manifeste de bien des manières comme par exemple, des jeux psychiques, de l'Occultisme ou des louanges à Satan, ne sont là que des activités de maternelle en comparaison du domaine propre à Satan.

P. – Mais dans ton cas, comment savais-tu que tu étais entré réellement en relation, en contact avec Satan ?

L. – Je savais dans mon coeur que le contrat était en marche à partir du moment où j'avais commencé à le verbaliser... disons, que par ce « *Contrat* », j'avais reçu la capacité de devenir un « *Ange de Lumière* » !

P. – Que veux-tu dire par là ?

L. – J'avais reçu la possibilité de projeter au monde une image que le monde désire voir, tandis que mes motivations intérieures, elles, demeuraient en harmonie avec les Plans à longue échéance établis avec Satan.

P. – Cela veut-il dire que les gens qui te voyaient te disaient: « *Tu es intelligent ; tu as toute une personnalité ; tu es créatif ; tu es bon pour ton prochain ? Ces sortes de choses-là, quoi !* »

L. – Exactement.

P. – Mais pourquoi ?

L. – Il me semble que dans un jeu aussi dramatique, il est important qu'aucune faille ne puisse être perçue de l'extérieur. Ce que je veux dire, c'est 'qu'une image d'un Chrétien honorable est une projection de Satan. — Ici, Larry fait voir une facette à peu près imperceptible à la majorité, et qui est celle que celui qui suit véritablement les enseignements de Jésus Christ, surtout à cette époque, ne sera jamais vu comme étant quelqu'un d'honorable pour la simple raison qu'un tel individu bouleversera tout ce qui existe autour de lui. Alors, posons-nous la question : à propos de tous les supposés Chrétiens et Catholiques paraissant être au-dessus de tout soupçon ! —

P. – Alors, tu ne pouvais être, ni un voyou, ni un gangster. Il fallait que tu sois un père affectueux, et tout le tra-la-la ?

L. – Il fallait, surtout, que je joue un rôle. L'on n'a pas nécessairement cela dans le coeur, mais il faut être cela. Il faut être ce que la Société veut que l'on soit.

P. – Je te pose maintenant cette question : «*As-tu reçu une certaine sagesse surnaturelle en quelque sorte ?*» Tu as dessiné des plans pour fabriquer des ordinateurs ; ça prend de l'intelligence cela !

L. – Il faut dire que la sagesse de ce monde que Satan procure, est tout à fait phénoménale. La possibilité de conquérir le monde, c'est quelque chose. Et c'est pour cela que l'on échange son âme.

P. – Maintenant, Larry, si tu veux bien, je voudrais retracer ton cheminement personnel. Tu en étais arrivé au point où tu étais entré en communication avec la Communauté Économique de ce monde, et où tu avais fait des plans pour des parties du Système SWIFT. Comment étais-tu arrivé jusque là ? Et quelles étaient les Plans que tu avais dessinés ?

L. – L'Élite économique avec laquelle j'ai eu des contacts, faisait partie, en quelque sorte, de ma part de butin provenant du contrat à long terme que j'avais établi avec Satan. La compagnie que j'ai mis au monde faisait elle aussi partie du butin que je recevais.

P. – Pour en revenir à ce contrat, Larry, est-ce que Satan t'aurait dit quelque chose comme : «*Voici les investisseurs que je vais te donner... ?*»

L. – Satan ne dévoile pas tout du même coup. Mais à mesure que l'on s'approche du moment venu, on voit les choses tomber en place, et l'on comprend alors que ça entrait dans les termes du «*Contrat*».

P. – Tu pourrais me nommer certains de tes investisseurs ?

L. – Je pourrais t'en nommer, mais je préfère franchement ne pas le faire... Ils étaient des gens bien connus.

P. – Mais comment arrivais-tu à entrer en contact avec de tel les personnes ?

L. – Les portes ne cessaient de s'ouvrir devant moi... Je rencontrais ces messieurs lors de certaines rencontres sociales. Au fond, l'Organisation de Satan est la suivante : « *Il y a, premièrement, la richesse et le pouvoir ; viennent ensuite, les Corporations financières et les Institutions* ».

P. – Ainsi, tu as réussi à embarquer dans le jeu de ceux qui possèdent l'argent ?

L. – C'est ça, j'étais là, tout simplement dans ce Groupe. J'avais été habitué, spécialisé même à rouler les gens... et j'apprenais toujours — n'est-ce pas là le sens même de l'entraînement des Agenturs ? — ...au point où j'en étais rendu, j'arrivais à la fin de mon premier « *Contrat* » avec Satan... ce contrat avait duré environ 27 ans ; de l'âge de sept ans à celui de 34. Le temps était maintenant venu de le renouveler ... un autre plan à longue échéance. D'ailleurs, c'est ce que font tous ceux qui appartiennent à ce monde-là ! Ils établissent un plan de leur vie sur une période de temps qui peut s'échelonner de 10 à 20 ans... Le but que je poursuivais était à long terme... J'ai donc préparé un contrat de quinze ans.

P. – Dans ce Plan, est-ce que tu savais que l'Ordinateur de Bruxelles en faisait partie ?

L. – Non. J'ai commencé à comprendre les implications de cet Ordinateur seulement deux ans après avoir renouvelé mon contrat.

P. – Donc, te voilà fondateur et Président ; de ROBOMATION. Tu fais des plans, et tu fabriques la robotique. En outre, tu as contribué à mettre en place le « RELAIS DE SATELLITES ARTIFICIELS » pour le Système Bancaire S.W.I.F.T...

Dis-moi : Y a-t-il un Groupe bien structuré qui contrôle la Finance Mondiale ?

L. – Je crois effectivement qu'un Groupe au-dessus des structures Politiques, contrôle la finance mondiale et le Pouvoir... je peine que la richesse et le pouvoir sont au-dessus de la Politique.

P. – Peuvent-ils acheter des Sénateurs et des *Congressmen*, ou du moins, les placer à des Postes stratégiques ?

L. – Oui. Je crois qu'ils ont la manie de faire circuler de l'argent, et de le placer dans les mains de ceux qui le veulent bien ; et cela, ils le font de par le monde. C'est pour cela que je crois qu'un « *Nouveau*

Système Mondial » se dessine afin de protéger cette *« Structure Financière »*. Et ces gens se concertent afin de consolider leur propre Pouvoir. Ils veulent protéger leurs propres Structures.

P. – Laisses-moi maintenant te poser une colle : *« Après que tu aies découvert l'existence de Jésus-Christ et de la* « Vie Éternelle », *tu as continué à aider ces gens en rédigeant des plans pour l'Ordinateur de Bruxelles. Ne savais-tu pas alors que ceci aurait de terribles conséquences ? »*

L. – Disons que deux ans plus tard, soit en 1971, nous avancions à grands pas toutes nos activités concernant l'Ordinateur. Cela a pris au moins quelques années avant que je sois finalement débarrassé du pouvoir que Satan avait sur moi.

P. – Si je comprends bien le travail que tu faisais, c'était de mettre en place un Système de Satellites Artificiels qui seraient branchés sur l'Ordinateur Burroughs de Bruxelles ?

L. – Il y a l'Ordinateur Central qui se trouve à Bruxelles, et un Ordinateur secondaire qui lui, est situé à Amsterdam ; ce dernier ayant trois étages situés sous terre. D'ailleurs les Banques devaient pouvoir être restructurées afin de pouvoir être, elles aussi, branchées sur l'Ordinateur de Bruxelles.

P. – C'est ta compagnie qui a tout mis en marche ?

L. – Oui... Et la majorité des Banques européennes se sont adjointes au Système en 1977. La majorité des Banques américaines l'ont fait l'année suivante... Ce Système est une révolution dans le transfert instantané de fonds monétaires... si l'on refuse de se joindre à ce Système, l'on risque de perdre des millions de dollars.

P. – Mais lorsqu'une Banque rejoint le Système, n'est-il pas juste de dire que tout ce que possède cette Banque est électroniquement enregistré dans cet Ordinateur ?

L. – C'est-à-dire que les *« Chiffres »* vont jusqu'à cet Ordinateur ; c'est un échange d'un Ordinateur à un autre.

P. – Ce à quoi je veux en venir, est ceci : *« Ne serait-il pas vrai de dire que si quelqu'un pouvait mettre la main sur cet Ordinateur, il pourrait aisément effacer certaines mémoires de cet Ordinateur ; ce qui ferait qu'une Banque pourrait se retrouver sans argent ? »*

L. – Cela fonctionne comme ceci : « *Les mémoires sont dans les Banques, et non à Bruxelles. Par contre, l'Ordinateur de Bruxelles a la capacité de stopper, et de vérifier chacune des transactions. En outre, Bruxelles peut décider de bloquer ou non une transaction. Il est donc possible d'en déduire que tout transfert de fonds monétaires est littéralement contrôlable de Bruxelles* ».

P. – Mais si je ne me trompe pas, tout est basé sur le Crédit ; ce n'est pas véritablement de la monnaie qui est transférée ?

L. – C'est tout à fait juste : « TOUT EST ÉLECTRONIQUE » Il s'agit de « *Monnaie Électronique* ».

P. – Mais c'est du Crédit ! C'est une situation de Trust. Si l'on dit que la Continental Bank, la Chase Manhattan, ou le Crédit Suisse n'ont plus de fonds à leur nom, c'est l'ordinateur qui, finalement, a raison.

L. – Théoriquement, toute transaction peut être stoppée : c'est-à-dire, toute transaction d'une Banque à une autre.

P. – Ceci étant le principe de base, Larry, quels sont les autres accomplissements que tu es en train réaliser maintenant ?

L. – En termes techniques, nous pourrions appeler cela la « ROBOTIQUE », c'est-à-dire, de L'INTELLIGENCE ARTIFICIELLE !

P. – Si je comprends bien, ce sont des machines pouvant penser par elles-mêmes, et pouvant jouir de 4 ou 5 sens appartenant l'Homme… Crois-tu, Larry, que ton travail soit un accomplissement des Prophéties Bibliques sur le « *666* » et la « *Bête* » ?

L. – Un membre d'une Institution financière de la Californie me disait, il y a quelque temps, qu'ils cherchaient une manière de procéder afin de savoir, coup sur coup, si telle personne est véritablement celle qu'elle affirme être… pas même une signature ; ces moyens sont de plus en plus démodés. Il me disait qu'ils désiraient quelque chose qui ne trompe pas, une machine pour lire les traces digitales, ou une autre pour identifier la voix d'une personne.

P. – Crois-tu que quelqu'un, dans les Institutions financières, aurait pensé à quelque chose comme : « *personne ne pourrait acheter ou vendre sans avoir la marque de la Bête* » ?

L. – Je crois que tout ce qui gravite autour de la Technologie par laquelle l'on pourrait apposer un « *Signe invisible, mais identifiable par Rayons Laser »* sur la peau, est une branche de la Technologie qui est en pleine évolution.

P. – Combien d'années, crois-tu, nous séparent du jour où le mode de transfert de fonds par l'électronique ne devienne « *Le Mode* » Mondial de transfert de fonds ?

L. – Mon sentiment professionnel sur cette question par rapport auquel il ne faudrait pas donner une valeur prophétique, est que si nous commencions immédiatement à installer les mécanismes nécessaires dans les Banques et les Magasins, et que si nous nous mettions tout de suite « à modifier les caisses enregistreuses », je dirais que cela prendrait entre six et huit ans afin de tout mettre en place — cette interview ayant été produite en 1981, plus les huit ans envisagé ici, cela nous amène à 1989 ; ce qui correspond exactement à l'implantation de plus en plus poussée de « *Guichets Automatiques* », et du « *Payement Direct* ».

P. – Tu parles de 1986, 1987 ?

L. – Je crois que le mode mondial de transfert de fonds puisse être mis en marche avant ces années-là.

P. – Veux-tu dire finalement que les Épiceries du coin, telles que Big Star et A & P pourront véritablement un jour être reliées jusque l'ordinateur de Bruxelles ?

L. – Définitivement.

P. – Est-ce que cela est en train de se produire maintenant ?

L. – Oui. Tout est en place pour que cela se produise. Je ne croirais pas, par contre, qu'il soit possible, en ce moment, de faire un transfert directement de ton compte de Banque jusqu'à Bruxelles.

P. – Mais théoriquement, un tel transfert pourrait-il se produire aujourd'hui ?

L. – Oui, car les diverses connections entre les différents Ordinateurs pourraient présentement effectuer de tels transferts.

P. – Parlons maintenant de la ROBOMATION, de la ROBOTIQUE. Tu nous dis que les Ordinateurs des années 80 ne feront pas qu'additionner des chiffres, mais que ces derniers commenceront à parier, à penser, à sentir ? Que feront-ils au juste ?

L. – Je dirais ceci, « LE PROCHAIN BUT DANS LA TECHNOLOGIE DES ORDINATEURS EST LE REMPLACEMENT DE L'ÂME DE L'HOMME

QUI SERA INTÉGRÉE À LA MACHINE » ; c'est-à-dire que les différents « *Sens* » de l'homme, tels : « *la Vue, le Toucher, l'Ouïe, et le pouvoir de Penser* » seront donnés à la machine. Nous serons capables, au courant de cette décennie, les années 80, de pouvoir intégrer des sentiments humains à la machine.

Les mécanismes intérieurs des Ordinateurs évolueront de manière dramatique pendant le cours de cette décennie. Mais la plus grande révolution à ce chapitre sera celle de la Technologie. Celle-ci dépassera l'entendement humain. Les Chrétiens doivent savoir que tout ceci arrive, est à proximité de nous.

P. – C'est horrible ! Tu crois vraiment que c'est de cette manière que les « *Prophéties* » s'accompliront ?

L. – Oui... Je dirais que la Technologie sera rendue à ce point de développement dans les prochaines années ; d'ici cinq à huit ans. Nous pourrons alors implanter une « *Image* » d'une personne dans un Ordinateur. l'Image pourra être accompagnée, dans son gîte, d'esprits démoniaques.

P. – Mais cette « *Créature* » serait si puissante et si Sage que des hommes tomberaient à genoux devant elle ? C'est ce que tu veux dire ?

L. – Lorsqu'un million de programmeurs, avec de la Logique, sont reliés ensembles dans un Réseau Mondial, il faut croire, alors, que tout ceci est d'ordre Surnaturel. Parce qu'aucun être humain ne pourrait, d'une manière naturelle, réaliser une telle chose. Ce Réseau d'Ordinateurs est supérieur à tout ce que l'Homme est capable de produire.

P. – Et si des démons entraient en jeu, l'Ordinateur pourrait-il ainsi être adoré ?

L. – Exactement ; l'ordinateur pourrait être adoré, n'est-ce pas ce qui se produit, aujourd'hui en 1994, mais d'une autre manière, oui l'ordinateur est devenu pour plusieurs, le seul et unique intérêt, le seul et unique confident, la seule et unique relation à valoriser ; et ici, l'on ne parle pas de la même situation existant entre la jeunesse et les « *Jeux vidéos* » ? —

P. – En passant, Larry, quel serait ta définition du chiffre « 666 » ?

L. – Je crois que tout ce qui sera relié à ce Système d'Ordinateurs devra rencontrer le test, la vérification du *« Livre de l'Apocalypse »* qui dit que celui qui est Sage, calcule le chiffre de la Bête.

— l'Homme a une complète autorité sur toute la Technologie. Mais, présentement, Satan est en train de prostituer cette même Technologie. Il pousse les enfants à s'amuser avec des jeux électroniques et des Ordinateurs. N'oublions pas que si nous pouvons écrire des livres démoniaques, et réaliser des films du même genre, nous pouvons aussi effectuer des programmes démoniaques pour Ordinateur. Il est même possible d'entrer en contact avec des forces démoniaques par des jeux électroniques et des Ordinateurs.

— Vois-tu, la Prophétie existe pour enlever la peur de l'avertir, mais Satan utilise celle-ci afin de cultiver la peur et l'intimidation...)

E — MICRO-CHIP BIOLOGIQUE D'IDENTIFICATION INTERNATIONALE :

L'Agence Internationale de la Presse Libre vient tout juste de recevoir de l'information technologique de la plus haute importance provenant de sources sûres des États-Unis. Cette information vérifiable provenant de Journalistes d'Enquête a de quoi faire frémir n'importe qui car elle touche, de plein fouet, le *« Contrôle Électronique Direct de tous les individus »* sur terre de manière à ce que qui que ce soit n'ayant pas reçu ce genre de nouvelle identification ne pourrait, sous un Gouvernement Mondial-type Dictature Internationale — ni acheter, ni vendre quoi que ce soit.

Selon Terry L. Cook, Journaliste Chrétien d'Investigation sur la côte ouest américaine ; celui-ci se référant à Tins Willard, Editeur du Magazine *« Future Society »*, la technologie cachée derrière le nouveau Micro-Chip humain n'est pas très compliquée et, avec un peu de raffinement, pourrait être utilisé dans une large variété d'applications humaines. D'une manière plus que concevable, un numéro pourrait être assigné à chacun dès la naissance, et faire partie intégrante de la vie de celui-ci jusqu'à sa mort. Vraisemblablement, cette puce électronique pourrait être implantée sur le revers de la main... et celle-ci pourrait servir de *« Carte d'identification Universelle »*. Ce qui remplacerait les cartes de crèdit, les passeports, les permis de conduire, etc.... Au super-marché, il ne suffirait que de passer le poignet au-dessus d'un « Scanner » pour effectuer ainsi un débit direct sur votre compte bancaire.

D'ailleurs, en ce moment même, en 1993, une compagnie américaine, la DESTRON IDI du Colorado, fabrique et annonce ses «*Puces Électroniques d'Identification*» (I.D. Chips) globalement via INFOPET et d'autres distributeurs Nationaux et Internationaux. Ces puces, pour l'instant, sont utilisées pour retracer, contrôler et identifier les vaches, les moutons, les chevaux, les porcs, les chiens et les chats, les oiseaux et les poissons, et tous produits manufacturés !!! Actuellement, ce nouveau système se répand à la vitesse de l'éclair sur toute la planète.

Aujourd'hui, le Numéro d'Assurance Sociale se compose d'une série de 9 chiffres. Selon d'autres informations reçues, ce système sera bientôt remplacé, avec l'aide des nouveaux ordinateurs, par une série internationale de «*18 Chiffres Numériques*» : le «MESH-*block*», une configuration internationale qui permettra de retracer n'importe qui sur la planète. Cette nouvelle série de 18 chiffres sera divisée en trois parties, c'est-à-dire, trois séries de 6 chiffres chacun, soit 6-6-6 !

Au moment où vous lisez ces lignes, des implants de puces électroniques aussi appelées «TRANSPONDERS» sont partout répandues sur la planète pour le contrôle de l'industrie animale.

*Un transponder, c'est un récepteur-émetteur radio ou radar activé pour la transmission par la réception d'un signal prédéterminé...

Pour en savoir plus, des Cassettes Audio seront disponibles dès la fin Janvier 1994 sur tous ces sujets.

Serge Monast

NEW WORLD ORDER

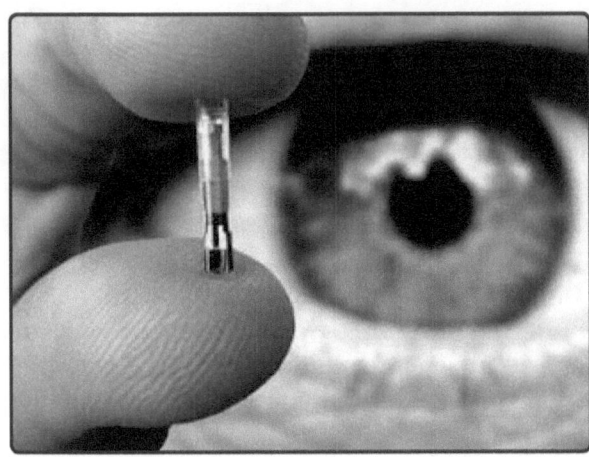

Il n'est pas plus gros qu'un grain de riz!!!

Actuellement implanté sur tous les animaux, en toute hâte, sur toute l'étendue de la planète. Une nouvelle version est, selon nos sources, en phase d'expérimentation pour application sur l'être humain.

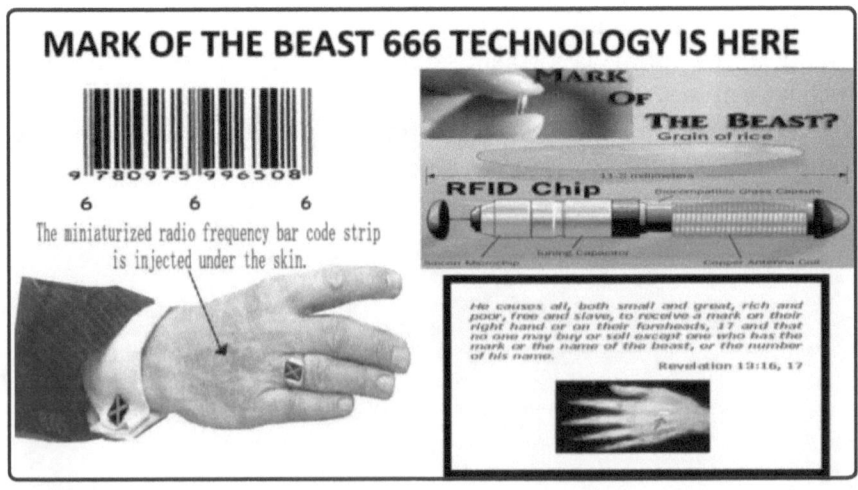

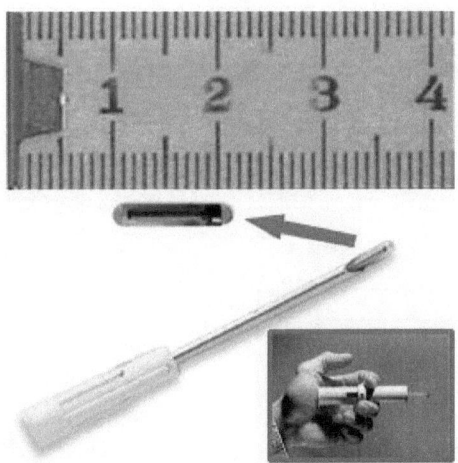

Ils ont aussi leur puce dans la peau

Nous vous avons récemment parlé d'une puce implantée sous la peau d'animaux domestiques (Micro Hebdo n° 181). Désormais, ce tatouage numérique existe également pour les humains. Une cinquantaine d'Américains ont accepté de jouer les cobayes en se faisant implanter dans le bras une biopuce de la taille d'un grain de riz. Elle a été développée par la société VeriChip, filiale d'Applied Digital Solutions, spécialisée dans les systèmes de surveillance miniature. La biopuce contiendra un numéro d'identification ainsi que des informations médicales concernant son porteur. Elles seront récupérées par un scanner spécial. Mais Verichip n'entend pas se limiter au seul champ médical et pense notamment à celui de la sécurité.

Cette famille californienne fait partie des 50 cobayes qui ont accepté de se faire implanter une biopuce.

Micro Hebdo n° 202 • Jeudi 28 février 2002

- the-savoisien.com
- pdfarchive.info
- vivaeuropa.info
- freepdf.info
- aryanalibris.com
- aldebaranvideo.tv
- histoireebook.com
- balderexlibris.com

www.ingramcontent.com/pod-product-compliance
Lightning Source LLC
LaVergne TN
LVHW091600060526
838200LV00036B/930